絵で見る幕末日本

エメェ・アンベール
茂森唯士 訳

目次

絵で見る幕末日本

序――国家と民衆の真実を明らかにするために

私の駐日代表時代――このことについてここではあまり触れないが、私には自分の代理人がいた。そして、彼と一緒に、仕事の余暇を、交渉が長引いたがために、われわれが巡り合った豊富な事象の中で、過ごすことを楽しみにした。

私は彼とともに、国土や民族を研究し、都会を見て回ったり、四季おりおりの江戸湾付近の農村を歴訪したりした。

鉛筆とメモ帳をかならず用意して、われわれは数百年を経た老松の根元に腰を下ろしたり、農村の宿屋の軒先にたたずんで、印象づけられた観察を書き留めた。時にはある土地の商人の店の片隅に身を潜め、彼を、われわれの厚かましい共謀者に仕立て上げたことさえあったことを告白せねばならない。

日本の社会情勢は、奇妙で変則的な集合体のように見えるが、しかし、それらの間に、特に研究心を喚《よ》び起こすところの、一つの特殊性がある。

一方において、日本の政府は、自らを深い神秘の雲で包んでいるが、他方において、民族芸術に完全な自由を与えていて、それがこの閉ざされた政権に、ある程度反応を及ぼす可能性をもっている。いつも回避的な曖昧《あいまい》な返答しかしない政府の役人に対し、外国人の側から情報を求めるのは大きな誤りである。そうした外国人にとって、もっともよい方法は、書店にはいること、そして支那の墨で描いた版画やスケッチおよび銅版画などを開くことである。そこに情報に必要なほとんどすべてのものを発見することができよう。

このため、最初の間、日本の官憲は、外国人の好奇心を充たすすべてのものを取り除こうとしているかのように見えるものである。けれども、よく近づいてみると、この極東のスフィンクスの謎は、とっくの昔から、しかも不断に、芸術家たちによって鮮やかに描き出されていることを、こころよい驚きをもって認めることができるのである。

もちろん、これだけでは、この国を完全に理解するには不十分である。何人《なんぴと》も言葉と文献をマスターすることなしに、その国民を知るということはできない。しかも、日本の文献を文明世界に取り入れるためには、何世紀にもわたる作業が必要である。

このような考えは、しかし、私の同伴者をひるませることはできなかった。彼は、われわれの研究様式が、正確なケンペルの観察や忍耐のよいシーボルトの調査に比べて、決して劣るものではなく、現代、外交の無数の交渉にとっても有益なものであって、したがって、われわれの観察散歩において、鞄《かばん》に一杯たまった記録の印刷出版を思いとどまるべきではないと考えた。

われわれのコレクションは、『自分で描いた日本人』という表題で、一つのアルバムを創ることができるであろう。われわれは、さらに、われわれの目の前で撮った写真やわれわれの日本滞在中に得た特異なスケッチを加えて、日本民族の日常生活と風習の、今までに出版されたもののうちで、もっとも完全な美しい見本にしたいと期待している。

私は、本著がわれわれ自身の眼で見たことについての説明であり、なんら訂正補足を加えないわれわれ自身の印象や経験についての記述であることを、ここで一々実証しようとは思わないが、われわれの観察の真実性と記述の信頼性を、ためらうことなく保証することができる。

他方、読者諸賢は、われわれが日本に関してなおまだ調査の時期にあるということを考慮されたい。

日本では、狭隘な三地点だけが外国貿易のために開かれており、首都にはいれるのは、外交官の資格者だけである。国内旅行はこんにちまで、きわめて限定されていたし、非常に不便な条件と警察の指導と監視のもとで行なわれてきた。

以上のようなことから、日本の研究は断片的であり、せいぜい一時的なものであったと断定することができる。

それは、結局、具体的に示すことのできる資料が乏しく、そうした研究に必要な保証を十分にもっている資料が少ないということである。一言にしていえば、こうした場合、出所の確実性ははなはだ制限されており、判断は臆測と推定とに充たされている。

このような情況下では、この内気な代理人が、普通の科学研究法とは違った独特の態度をとったとしても許容さるべきであろう。彼は生活の科学以外の他の科学を認めず、心の記憶以外の他の記憶を認めず、その観察は自分自身の好感と反感以外、何ものにも頼ってはいないのである。

彼は、至極簡単に、諸民族の間にもうけられている障壁を取り除いており、人種的な、宗教的な、政治的な諸条件のもとにある人間の特性を確実に識別しており、また人間的要求の本質を解明していて、——一言にしていえば、それは分離したり、接近させたり、比較したり、判断したりしているわけであるが——時には間違いもあるといえるのではなかろうか？　……その代わり、彼は自分が集めた収穫のすべてを微笑をもって批判者の足許に捧げたまま、その判決もまたずに、またもや未知の国に飛んで行くのである。

この信頼すべき友であり、私の仕事の協力者であり、同志でもある彼に、私は私の課題遂行の大部分を依頼しているのであるが、もしこの課題が重要な意義をもっていないとしても、それは私が描こうとしている国家と民衆の真実を明らかにする上に、決して無益ではないであろう。

一八七〇年

エメェ・アンベール

著者エメェ・アンベール氏と日本

日本への深い関心と背景

本書の著者アンベール氏は、疑いもなく日本国とスイス政府との間に、最初の修好通商条約を開いた両国国交創始の第一の功労者である。

だが、そこまでにいたる道程には、アンベール氏や、彼によってスイス政府通商関税局代表に推されて日本に派遣されたルドルフ・リンダウ氏の血のにじむような長い苦心が払われている。

リンダウ氏——面白いことに彼も国家の活動家であるとともに、弟のパウル・リンダウ氏と兄弟そろってもともと豊かな文学的才能の持ち主で、著書には、『日本から支那から』などがあり、本書の著者と一脈共通の特徴をもっている。リンダウ氏の来日は、アンベール氏に先立つ約四年前の一八五九年であった。当時の幕末日本の政治・社会情勢は大体次のようで、スイス代表たちがどんなに苦労をして日本との修好を勝ちとったかを示唆するものがある。

「その頃、幕府支配下の日本では、急激な物価騰貴に悩んでいた。その原因としては、外国から突如生じた需要と国内の生産供給との不均衡、政局不安を予想して幕府や大名たちが米その他の物資を隠退蔵し、民間の商人たちもこれにならって買い占めを行なったこと、そこへもってきて内外の政局の多事多端、支出の増大からする商人への増税が価格に転嫁されたことなどが挙げられよう。しかし、幕府当局は、この物価騰貴の原因をもっぱら外国貿易による急激な需要の発生に帰し、物価引き下げ、生活安定を名目として、貿易制限を企てつつあった」

もっとも幕府部内の見解も必ずしも一致していたわけではない。たとえば、外国奉行水野忠徳は、「スイスとはいずれ和親条約を結ばねばなるまい」との考えをもっていたが、老中の意見は、「米、英、仏、蘭など、すでに交際している国に対してすら開港を鎖港に変える交渉を考慮中なのに、ましてや、新規条約申し込みの国など、ここ当分かまっていられる段ではない」と、強硬反対であった。ここにスイス代表たちの格別の苦心があった。

日本の国内情勢は幕府内の対外慎重論に拍車をかけた。尊王攘夷運動は燃えさかり、いくつかの外国使臣の暗殺事件に続いて、朝廷の反対を無視して日米修好通商条約を強行したかどで、大老井伊《いい》直弼《なおすけ》は桜田門外で志士の凶刃に斃《たお》れた。

そこで、リンダウ使節の長い苦心と努力も結局実を結ばず、彼は一応日本を見限って支那に去った。

このあと、遠隔操作役からいわば舞台の主役として、アンベール氏が登場してきたとみてよかろう。

エメェ・アンベール氏について、彼の国の記録は、「スイス時計業組合の会長であり、一八四八年、ヌーシャテル臨時政府創立者の一人で、自由主義的な参議院議員」というのである。このヌーシャテル臨時政府というのは、一八四五年までヌーシャテル地方がプロイセン国王の私領となっていたのを、アンベール氏らの革命的自由主義者が国王一家と激烈な闘争の後、ついにこれを国王への従属から解放することに成功した臨時政権である。この政権はその後スイス国家に統一され、アンベール氏もスイス国の参議院議員となったもののようである。

スイス時計業組合会長としての職責と参議院議員としての地位を、アンベール氏は、日本市場の開拓、そしてそれの必須要件としての日本との修好通商条約締結に捧げ尽くしたのである。

当時のスイス及びヨーロッパと日本の一般情勢を素描してみよう。

一八五八年（安政五年）、日本がそのいくつかの港を外国貿易のために開いたころ、英、米、仏、蘭など先進諸国の間では、資本主義はすでに最盛期に入っており、またブルジョア民主主義の運動も展開されていた。そこでのヨーロッパ産業の発展は、必然的に海外に市場を要求し、その勢いは十九世紀に入って東洋にも大きく羽搏《はばた》きはじめた。

世界史的意義をもつこのヨーロッパの膨脹は、たちまち日本をもとらえぬわけにはいかなかった。当時、日本の封建的支配者は、これを彼らが維持してきた封建体制を突き崩す脅威として受け取り、従来の鎖国を必死に守ろうとした。だが、彼らの実力では、欧米の東漸勢力を撃攘することが不可能なことを悟ると、やむなくその門戸を開いたが、なおかつすでに結ばれた通商条約をできるだけ延期し、あるいは制限しようとつとめた。その結果、外国との紛争が不可避的に生じないわけにいかなかった。また、日本国の各層にわたって、攘夷運動が激しく起こったから、西欧諸国は彼らの求めた日本との通商関係を維持していくためには、勢い武力行使を辞さないだけの準備が必要となったのであった。

以上が、アンベール氏来日当時、あるいはそれ以前の日本と欧州関係の背景の概要である。

ところで、日本とスイスとの距離は、地理的にも政治的にも、今日からは想像も及ばないほど遠いものがあったのである。スイス人の日本に関する知識は、日本人のスイスに関する場合と同じく、アンベール特派調査団の江戸到着後、かなりの長い年月を経るまで、極めて断片的であった。

しかし、アンベール調査団の日本への渡航準備は、スイスの工業界及び貿易界で、深甚な関心を惹き起こした。日本に対する輸出の可能性を説いた一連の文献が現われたほどで、上智大学教授中井晶夫氏は、その研究論文の貴重な資料としてこれを指摘されている。ところが、スイス連邦から日本へ一番最初に特派されたエメェ・アンベール参議は、単に鋭敏な観察力を持った外交官であったばかりでなく、才能の豊かな文章家でもあった。幸いにもその日本滞在中のさまざまの印象や観察を各四〇〇ページから成る二巻の書物に集録し、豊富な挿し絵をも加えて、一八七〇年（明治三年）パリのアシェット社から出版された。この著書は、当時の事情からやむを得なかったと思われる多少の不正確な記事もあるが、全体として、その頃の日本の諸制度、習慣・風俗及び特色について不可思議なほど生き生きとした描写を掲げたものである。

まず、順序として、アンベール氏が日本に派遣されるにいたるまでの、スイス国内での準備の諸過程、使節団の構成、日本到着以後の苦心と努力の実情、それがどんな成果となったかなど、要するに「著者アンベールと日本」についてここに記録しておきたい。

日本渡航までの準備活動

一八六一年の夏、スイス政府通商関税局では、日本への使節派遣準備のために二回にわたって会議を開き、具体的な計画が練られた。それに参加した主要な顔ぶれは、局長フライ・エロゼと、本書の著者で参議院議員、スイス時計業組合会長のエメェ・アンベール、それにゴンエンバッハであった。

同じ年の八月三十一日、アンベールは、日本派遣スイス使節の団長に選ばれた。初め、政府の構想では、その頃清国に在ったリンダウ（前掲）を副団長の格で選定するはずであったが、リンダウは、先に日本にいた時、ラ・ショー・ドフォンの時計業組合との間に摩擦が生じて、同組合との関係を断ってしまったので、今度の使節に加わることはできなくなった。

日本政府への派遣費十万フランのうち、四万フランは日本政府への寄贈品代に当てられていた。この厖大《ぼうだい》な出費に対して、スイス政府は、次のように説明している。「日本政府は外国との条約締結の際、外国に認めた権利に対して、条項の上では、なんらそれに見合う反対給付を求めないが、なおかつ、間接的な反対給付を寄贈品の形で求めるからである」と。

スイス連邦政府からの寄贈品は、歴史的、地理的、その他スイスの特質を示す品が蒐《あつ》められた。また、スイス各州（カント）からの寄贈品としては、各産業の商品見本となるものが提出された。連邦政府は、これに関する出費をできるだけ倹約しようとして、各州の業界に寄付を求めた。それ故に、各州は、その準備のため、数ヵ月を要することを申し出たので、スイス使節の出発は次第に遅れ、一八六一年秋の予定は、翌年の末まで延期を余儀なくされたのであった。

さらに、出発を遅らす事情が重なった。それは、ヒュースケン殺害事件、英国公使館のあった東禅寺襲撃事件など、日本の排外運動の烈しさの報がスイスにもたらされたことや、幕府がオーストリア政府に提出した布告などであった。後者は、幕府が現在の国内事情にかんがみ、新たな条約締結を当分拒否し、その目的のための外国使節を日本に派遣しないよう求めたものである。

これらの情報は、スイス各界の日本熱を冷却させた。一八六二年四月、連邦政府は、使節の日本派遣の企ては変更していない旨を改めて、各州に回状をもって通告しなければならなかった。

ちょうどこの年の五月、日本特派使節竹内保徳、松平康直ら一行がヨーロッパの旅

第1回スイス国日本特派使節団団員・中央椅子にかけているのが団長エメェ・アンベール氏（ベルンにて撮影）

にあった。スイス政府は、この機会を捉え、彼らをスイスに私的に招待したが、これは拒否された。

日本への使節派遣準備はその後進捗した。使節団長に選ばれたアンベールは、自ら各州を周遊して、協力を促したが、その後、通商関税局主催のもとで、各州の業界代表と政府との会談を二回開いて、政府の立てた具体案について了解を求めるとともに、日本政府への寄贈品の件について、念入りな準備がなされた。

連邦政府は、さらに、日本に在るオランダ代表部の具体的な援助を得られるかどうか確かめるため、アンベールを特派使節に任命してハーグに送った。

アンベールは、オランダ政府から、同政

府、蘭領インド及び日本にある外交代表部がスイス使節を全面的に支持すること、すなわち彼らを江戸までオランダ軍艦で送り、かつ、日本・スイス条約が締結されるまでは、日本にあるスイス人を完全な庇護《ひご》の下におくことを保障するという答えを得て帰ってきた。これによって、スイス政府は、日本派遣使節のすべての用意が整ったと確かめることができた。

政府は使節のメンバーを次の六人に定めた。

一　エメェ・アンベール（ラ・ショー・ドフォン出身）元参議院議員、日本大君《タイクン》陛下への特派使節。

二　カスパー・ブレンワルド（メンネドルフ出身）公使館参事官兼書記官、通商部門担当。

三　ヨハン・ブリンゴルフ（ウンターノイハウス出身）陸軍少佐、公使館付武官。

四　イワン・カイザー（ツーク出身）砲兵将校兼技師。

五　ジェームズ・ファーブル・ブラント（ル・ロック出身）時計業。

六　エドゥワール・バヴィエ（クール出身）商人。

以上のうち、アンベールとブレンワルドを除く四人は、旅費自弁で旅行する人々であった。

一行は二班に分かれ、先発隊はアンベールを長とし、十一月二十日マルセイユ発と決まった。彼らはシンガポールからバタヴィアに寄航し、そこのオランダ外交部と打ち合わせのため、早く出発するものであった。第二班はブレンワルドを長とし、一ヵ月遅れて立ち、シンガポールで先発隊を待ち、そこから合流して、日本に赴くものとされた。

攘夷の渦中で修好に奔命

スイス使節一行は、サイゴン、香港、上海を経由して、一八六三年四月九日、長崎に到着した。日本への航海中、生麦《なまむぎ》事件など日本の不穏な情勢が彼らの耳に入ってきた。が、彼らは、あらかじめ日本政府に通告の上、行くのであるから、特にそれに恐怖を感じなかったといわれている。

彼らが着く前、長崎のオランダ総領事デ・ウィットは、外国奉行に書簡を送って、スイス使節の到着したこと、彼らがオランダ軍艦で江戸に入ることを予告していた。

幕府ではすでに同年二月（文久二年十二月）スイス使節の件について評議を開いていた。外国奉行の提案によって、スイス人一行は、少なくとも将軍が京都から江戸へ帰還するまでは、長崎に留めおくことに決定した。しかし、先にリンダウ使節に与えて実行されなかった修好開始の約束によって、スイスとはいずれ条約を締結せねばならないと考えられたから、この一件は、幕府にとってはすこぶる面倒な問題であった。というのは、この時京都にあった徳川慶喜《とくがわよしのぶ》は、将軍名代として天皇に会い、攘夷の勅書を受けていたからである。

幕府に同情的であったデ・ウィットは、外国奉行に対して次のような措置を呈示した。

それは、今、長崎にあるオランダ軍艦をいったん全部神奈川に送り、五月一日にふたたび引き返させ、同月十五日に、改めてスイス使節を江戸に送るというものである。これによって、オランダは、スイスに対しては、長崎に留める口実を作り、幕府に対しては、時を稼がせる挙に出たのであった。幕府は、この好意的な術策にすこぶる感謝しながら、もう少し長くスイス人を長崎に留めることを願った。

デ・ウィットから日本側の意向を聞いたアンベールは、しばらくそこで待つことに決し、その代わりブレンワルドら三人を先に神奈川に送り、下準備をさせることを幕府に伝えた。

江戸にあるオランダ総領事ファン・ポルスブルックは、外国奉行支配組頭の柴田貞太郎と会い、スイスとの条約の件はすでに先約済みのことであるから、大君《タイクン》不在といえども交渉に入るべきであると説いていた。

その翌日、アメリカ公使プリューンも、ためらいがちの幕府に対し、次のことを書き送った。

「日本がスイスと条約を締結することは喜ばしいことである。また、幕府は、かつて自分の前任者ハリスを介して、オーストリアその他五ヵ国に新条約締結拒否の回答文を送ったが、スイスと条約を結ぶ以上、これら六ヵ国とも結ばねばならない」

徳川幕府は、その頃、生麦事件の賠償金問題に追われていた。英国代理公使ニールが、幕府に二十日間の期限付きの強硬な要求書をつきつけたのは、一八六三年四月六日（文久三年二月十九日）であった。

長崎にあったアンベール一行の出府の日は意外に早くやって来た。それはオランダ軍艦クープマン号が四月十九日長崎に入り、スイス使節一行を同月二十六日に横浜に着くよう申し出たからである。二十六日とは、ニールがいう期限の日であった。

アンベールらが横浜に上陸したのは、一日遅れた二十七日であった。彼は、そこのオランダ総領事ファン・ポルスブルックに迎えられ、横浜郊外、弁天の彼の家に入った。すでに横浜に在ったスイス人ジャクモ・レーダマン・ペレゴ（彼は時計業組合から先のリンダウ使節とともに来たものらしい）は、アンベール使節団に加わった他の団員のために自分の家を提供した。

一行より先に横浜に着いていた参事官ブレンワルドは、その前二十二日、ファン・ポルスブルック、オランダ人通訳メットマンとともに江戸に至り、外国奉行村垣範正《むらがきのりまさ》と会い、大君《タイクン》は二週間も経ったら帰城するであろうとの答えを得た。

アンベールはこれに応じ、スイス使節は十五日間待ち、五月十八日オランダ軍艦メデューサで江戸に入ることを通告した。幕府は、これに対し、大君はその頃まだ帰っていないであろうし、江戸に入ることは危険であるとの理由で、二度にわたって江戸入りを見合わせるよう訴えたのであった。

生麦事件の賠償金問題は、五月下旬、外国奉行が横浜において、英国のニールに対し、これを支払うむねの内意を示したことによって解決の方向に向かったように見えた。アンベールは、これを機に、タイクン帰城の前でも条約交渉はなし得るとの考えの下に、五月二十八日、オランダ水兵、幕府役人ら多数に守られて、江戸に上陸し、オランダ総領事館のあった品川の長応寺に入ったのである。

江戸における攘夷運動は、さらに猛り狂っていた。幕府は、五月三十日（文久三年四月十四日）の夜から、庄内、小田原、白河など諸藩の兵を動かして、浪人、暴徒の大検挙を行なったが、攘夷運動を鎮圧するには至らず、また、このため、スイス使節との交渉開始は遅れる一方であった。

三十一日、外国奉行村垣範正が、アンベールを訪れ、浪人の一団が米国及びオランダ公使館の襲撃を企てており、危険であるからいったん横浜に帰るよう求めてきた。スイス側は、これに対して、公文書をもって要求しないかぎり応ずるわけにはいかないと答えた。幕府からの通達書は、その後、六月二日、四日と二度続いてきたので、スイス使節一行は、その結果、八日、幕府の軍艦エンペラー(蟠竜丸)で横浜に戻った。

この頃、生麦事件はまだ解決に至らず、賠償金支払いの延期をめぐって、英国軍艦は戦備を整え、フランスもまた、軍隊を横浜に揚陸して、事態はすこぶる急を告げた。しかし、六月二十四日(文久三年五月九日)四十四万ドルの支払いがなされるに及んで、一応この危機は切り抜けられるにいたったのである。

ついに幕府を追い詰める

ところで、これと同じ日、賠償金支払いの責任者であった老中格の小《お》笠原《がさわら》長行《ながみち》は、各国外交代表部に赴き、朝廷の意向によって、貿易港の閉鎖、在留外人の退去方を通告した。アンベールは、この時初めて、「夢想的なミカド」と「現実的な大君」との対立の事実を知り、日本がスイスとの交渉に入ろうとしないのは、これに基づくものであることを知ったという。

その後二日たって、朝廷側の意思は到底実行されないことを知ったアンベールは、しばらく腰を落ちつけてのち、事に当たることに決めた。

長州藩が、下関で外国船を砲撃したのは、この直後であった。

将軍は、七月三十一日になって、ようやく江戸に帰ってきた。アンベールはただちに交渉に入ることを幕府に促した。

八月八日、スイス人問題は初めて外国奉行の評議に付された。この時決したことは、「スイスとはすでに先約のあることであるから、条約締結を拒否するわけにもいかないが、さりとて、現在鎖港に関して、条約国と交渉に入っているくらいであるから、スイスと新たに条約を結ぶなどとは思いもよらぬことである。したがって、現在の処置としては、丁重にスイス使節を引見して、返礼の品も与え、日本の悪しき事情を懇《ねんご》ろに説明した上、時機が来たならばただちに条約締結を通告することを約束して帰国するよう勧めよう」というものであった。また、スイス使節の日本における滞在費は、日本側で負担することも決められた。

アンベールの許には、江戸に在るオランダ総領事から、不利な情報が次々と寄せられていた。日本の実権は朝廷に移りつつある、スイスが来るのは遅すぎた、と。皮肉にも、この時、プロイセン使節レーフスが日独条約批准書交換のため来日した。この条約締結の必然的な帰結として、スイスも日本と条約が結ばれるべきであるのに、今、それがいたずらに停滞しているのは、アンベールらにとって、いらだたしいかぎりであったことはいうまでもない。

オランダ総領事は、九月七日、幕府が六月八日以来、何の応答もスイス側に与えていないことについて厳重な警告を発した。その翌日、幕府代表は、プロイセン使節とともにスイス使節にも贈り物をもって、現われたのであった。アンベールには、それが単なる儀礼上のものにすぎないことがすぐ判った。

アンベールは、外国奉行に重ねて交渉の開始を迫ったが、幕府側はただ、今しばらくの猶予を乞うばかりであった。

一八六三年九月は、何の音沙汰もなく過ぎた。この間、通商担当の参事官ブレンワルドは、日本の産業、貿易について綿密な調査を進めていた。それは本国政府に送られ、後で「連邦紙」にも公開された。そのレポートは次の五つである。

日本の生糸輸出（八月十日付）、日本の茶輸出（九月十日付）、日本の輸出一般（十月二十五日付）、日本の養蚕（十月二十五日付）、日本の輸入（十一月三十日付）。

この月の末、スイス政府では、アンベールの召還についての討議が行なわれていた。

すなわち、日本から入った情報によれば、見込みはなさそうに思われるから、アンベールは、日本にいる他の人物にその全権を委任して帰国したらどうかというのであった。もともと、アンベールは、一八六三年末までに帰国すべき訓令を受けていた。それは、日本を出立する期日が遅くとも十月十八日であることを意味していた。彼は、本国政府にいましばらくの猶予を乞い、日本暦の同年末日の文久三年末（一八六四年二月七日）までに出立することを報告した。

この間、日本の攘夷運動は、いささかの衰えも見せなかった。薩英戦争、さらにフランス士官カミュスの殺害事件などが続いた。幕府も、この時、米、蘭代表に横浜の鎖港を謀った。これは列強によってきっぱり拒否されたが、この機会に、幕府は、フランスの勧めに基づいて、日本の国情について西欧諸国に了解を得るため、使節のヨーロッパ派遣を決定した。この年の末、出発した池田《いけだ》長発《ながおき》ら一行がそれであった。

横浜鎖港と関連して、幕府は、今後、新たな国と条約を結ぶとしても、従来の五ヵ国との条約のように、横浜を貿易港として条文に明記することを避けたい旨をスイス側に伝えてきた。アンベールは、そのようなことは一切望んでおらず、先の最恵国同様の権利がスイスにも与えられて、交易ができればよいのであって、どの港と指定するつもりはないと答えた。

この頃、スイス使節は、日本との交渉の癌《がん》となっているもう一つの原因を発見した。それは、安政五年の日米仮条約の貿易定則の中に、日本は関税規則の改訂を行なう前に、他の国と条約を締結しないことを義務づけたものであった。アンベールは米公使に抗議を発し、この定則がスイスと日本側との交渉を妨げるものでないという保障の一札を出させた。

オランダ総領事ファン・ポルスブルックは、十二月十四日、幕府に書簡を送り、スイスとの条約締結を督促するとともに、幕府が望むなら、その条約の中には開くべき日本の港の名を書き込まなくてもよい旨を述べた。一週間経ってから、日本側委員が訪れ、スイスとの条約には、長崎、箱館二港のみの開港でいいかどうかを打診してきた。ファン・ポルスブルックは、それがスイスの希望する最恵国待遇の本質に反するものであるとして、断わるとともに、交渉開始について、日本政府が一八六四年一月二十二日までに回答すべき旨を迫った。

しかし、閣老からの返事は、江戸城焼失により交渉はしばらく延期という拍子抜けのしたものであった。怒ったファン・ポルスブルックは、もし幕府が遣欧使節の出立前にスイスと条約を結ばないならば、オランダ本国政府に同使節を迎え入れないよう進言する、と通告した。

その三日前、スイスでは、清国に在った先のスイス使節リンダウを日本駐在領事に任命し、アンベールに対しては、リンダウと連絡をとり、その全権を彼に委譲するよう訓令が発せられていた。

江戸長応寺で修好条約調印

ファン・ポルスブルックの通告は決定的な効力があった。幕府は、一月十五日、オランダ総領事とアンベールに、「これまで遅緩に及びしところ、あまりに延引に至りし故」交渉を開くことを伝えてきた。

幕府とスイスとの会議は一八六四年一月二十六日から三日間続いた。それより二日遅れて幕府は関税改訂をめぐる対米交渉を始めている。

幕府側全権は、外国奉行竹本正雅、同菊池隆吉、同星野千之、通訳としてかつてワシントンに使いした立石得十郎が参加した。スイス側はアンベールとブレンワルド、通訳はオランダ人メットマンであった。

条約の草案は双方から出された。スイス全権は、日本側の草案がなぜプロイセンとの条約と異なるかを質問した。日本全権は、それはスイス全権が遅れて日本に来たことによって条件が変わったのであると答えた。そこで、アンベールは、かつて幕府がリンダウ使節に与えた書状を取り出して見せた。竹本正雅は、笑いながらそれを同輩に読んで聞かせたという。その書面には、プロイセンとの条約にからんで自決した、堀正熙《ほりまさひろ》と彼、竹本の署名がみられたのであった。

結局、スイスの出した草案が全面的に採択されることになった。それは、内容がプロイセンとの条約、つまり日独最初の条約とほとんど変わらないことによってであった。しかし、そこに帰着するまで、日本側はいろいろと異議をさしはさみ、スイス側も辞句その他解釈の点で譲歩を行なった。例えば、第二条で、スイス政府はその外交代表部を江戸に置く件については、本文では「瑞西《スイス》合衆国ボンツラートは、江戸府に在留するジプロマチーキ・アゲントを緊要と視る時は、これを命じ」と改めたことなどは、その一例である。

条約発効の期限についても論争があった。

幕府は、プロイセンの場合と同じく、二年後を希望したが、スイス側は、日本に対してプロイセンと同様の権利をもつ以上、プロイセンの発効期日に、スイスの条約も発効すべきことを主張したのである。しかし、プロイセンのそれは、すでに同年一月一日になっていたので、スイスに関しては、署名と同時に発効ということで落着した。

条約調印式は一八六四年二月六日（文久三年十二月二十九日）午前十時、江戸の長《ちょう》

応寺《おうじ》で行なわれた。アンベールが本国政府に約束したところに従えば、あと十二時間の後に、スイス使節は日本を出発しなければならなかった、きわどい瞬間であった。アンベールは、前日、オランダ軍艦で江戸に入り、七日、再び横浜に帰ってきた。

アンベールは、二月十七日、日本を去った。その後、幕府の役人は、横浜のブレンワルド邸で、二百に余るスイスからの贈り物を受け取った。将軍からスイス政府への返礼の品も、一年後、スイスに届いた。太刀その他四十点余がそれであった。

幕府が結んだスイスとの条約は、幕末の他の諸条約と同様、いわゆる不平等条約であった。その内容のひとつである領事裁判権については、スイスには、領事の権限に帰すべき裁判権行使に関する法律がなかったので、これに関しては、オランダの法律に準拠して行なわねばならなかった。そこで、スイスは、はじめ、自国領事を日本に

江戸通詞学校の生徒

置く代わりに、日本のオランダ領事にスイス領事をも兼任させた。ファン・ポルスブルックがスイス総領事に、長崎に在ったボードウィンがその地のスイス領事に、また、先に日本の領事に任命されたプロイセンの人リンダウが横浜のスイス領事となった。ただ箱館に住んでいたスイス人ハインリヒ・ブーヴだけが同年そこの副領事に任命されただけであった。

出仕姿の日本通詞

スイス連邦政府は、日本との条約について、「それは、我々の方が日本に認めた以上のものが我々に与えられており」、それは、日本が欧米との交易に慣れるまでの過渡的なものであるといいながら、現在の段階では満足すべきものであり、日本人民の勤勉で知的な性格は、将来の日本とスイスの貿易の発展を期待するものであるとして、両議院に推薦した。内閣から提案された同条約の批准が可決されたのは一八六四年七月のことであった。エメェ・アンベールは、八月八日、その任務の終了をもって特派公使の任務を解かれた。

同使節に関する決算報告によると、予算の十万を超過すること四万三千八百フラン強であった。これは主として、日本滞在期間が初めの予定より長びいたことによるものであった。けれども、四万フランを計上した贈り物代は、二万四千六百四十三フラン強で、はるかに安く上がった。これは、スイス各界からの寄付のお蔭であって、政府は大いに感謝しなければならなかった。

批准書の交換は、一八六五年六月七日（慶応元年五月十四日）、江戸の正泉寺で、幕府代表星野千之とスイス領事リンダウとの間に行なわれた。

大君署名入りの批准書は、同年九月十一日、スイスに届いた。これによって、スイス政府は、日本との条約に関する一切の業務の終了を宣言することができた。

（以上の資料は「日本・スイス修好百年記念号」より）

茂森唯士

第一章　渡航、長崎と下関

日本の海に入る――長崎の風景――日本沿岸の風景――ワンデル・カペレン海峡（関門海峡）と下関の街

一八六三年の春には、支那と日本の間の正規な郵便連絡は、まだなかった。一八六四年に初めて、ロンドンの東洋商会が、上海《シャンハイ》から長崎、長崎から江戸湾の横浜への連絡を試験的に数回行なったことがあった。初め一ヵ月の連絡だったが、後に二ヵ月の連絡となり、上海から、直接、九州島の南端ワン・ディメノフ海峡（大隅海峡）を通って、横浜に向かうようになった。

その翌年、フランスの商会メサジュリー・アンペリアル(Messageries Impériales)が、同じ方法で、一ヵ月の連絡を開始したため、英国の商会と競争するようになった。私は、カイロ、ボンベイ、セイロン、バタヴィヤ、サイゴン、香港、広東、マカオと、五ヵ月間の旅をした後、上海に着いて、四月六日、六十馬力の小型商船スウオロフ号の長崎までの席を取った。この船は英・支商会レント株式会社に所属していて、日本に行き、どこかの土地の大名に、この船を売りつけようというわけであった。

われわれは、ヴゥゾング（呉淞）を、揚子江の合流点までくだって行き、支那の大河の河口を形成する広々とした停泊所に、錨《いかり》を下ろして、夜を過ごした。

七日の朝がた、われわれは公海に出た。突風が吹きつけて、貨物を全然積んでいない小船はものすごく動揺した。二日間、荒れ回る波の間を漂流しているうち、上海と長崎の間は四百五十海里と離れていないが、日本は他の世界から遥か遠くに隔絶しているように思われた。

九日の未明まで、ぐっすり眠った私は、船室の小窓から、月明かりに、日本の前哨をなしている島々の円みを帯びたまたは円錐形をした頂きを見た。やがて、われわれの小船は、これらの島々に囲まれるようになり、出口のない群島の中に迷い込んでいるかのように思われた。突如、半裸体の漕ぎ手が六人乗った、この土地の典型的な小舟が付きまとってきた。スウオロフ号はその速度を落としていった。と、降ってわいたように、甲板に、洋服を着て、英語をしゃべる水先案内が現われた。おそらくカリフォルニヤあたりからの流れ者であろう。船長は、彼を上部船橋に招いた。われわれは、樹木の茂った、そしてよく耕してある伊王島を右にぐるりと回って、上《かみ》の島《しま》とカグヘロ島の間を通って行ったが、掩蓋《えんがい》の下から大口径砲の砲台が見えていた。十一時

長崎の出島の風景

に、われわれは、タカボコ島の切り取ったような岩壁を左に見た。この島は、一六二二年の宗教弾圧で、この高い絶壁から海に突き落とされた犠牲者を追想しているオランダの記録で、パーペンベルグ島と名づけられている島である。次いで、われわれは、鼠島を後にして、全面陣地で固めた雄神《おがみ》、女神《めがみ》の岬の前に出ると、長崎湾の全景が眺められた。湾は平均一マイルの幅で、長さ四マイルに延びている。その上に、四百フィートから六百フィートの高い山々が見える。すなわち、左手にイナザタケ、右手にカワラ山《やま》、長崎から北にコムピラ山《やま》があり、ここから、世界で最も美しい風景の二つが見られる。長崎から東には、ホクワ山《さん》とヒコ山《さん》がある。このホクワ山とヒコ山のグループの山麓、湾の奥深く、錨を下ろしているジャンクの帆柱の彼方に、街《まち》が拡がっている。外国船の停泊所は土地の船の停泊所の手前、左側に設けられていたようだった。われわれは、一連の商船およびロシヤの軍艦と一緒になった。少し離れた隣の入り江には、白地に紅の丸を描いて、上昇する太陽を象徴した日本の国旗を掲げている軍用汽船が停泊していた。

長崎の外見は、ここ数年の間に、大きく変化した。郊外のはずれに、蒸気機関の建造と修理をする広大な工場が聳《そび》えていた。反対側、すなわち湾に入って右側に、フランスの領事館、英国教会の礼拝堂、イギリスの領事館、アメリカの領事館があり、その下、海岸沿いは、新しい自由地区オームラで、英、米の卸し商人たちの店や家が立ち並んでおり、その先は、以前からの支那人の商店地区である。左側には、日本人の街と橋で結ばれている二つの小島があって、一つはシンチといい、政府の税関倉庫があり、もう一つは、デジマ島で、インドシナ商会の代理店やドイツ及びオランダの商店に属する建物があって、その上に、ドイツやオランダの領事の旗がひるがえっていた。

私はオランダの公式の保護下にあったので、デジマに上陸して、総領事のヴィト氏に挨拶した。彼はただちに私に自分の官邸の一室をあてがった。かくして、私は、日

長崎の街と墓地

本の古代史が終わりを告げた地点において、二百五十年にわたり、この帝国と西欧との接触を保ってきたただ一つの地点において、自分の生活を始めることになった。歴代のオランダ代理店の副主計とこれに代わったオランダ王国のコミサール（委員）の公館は、貿易、外交、地理的発見、自然科学の記録において、大きな意義を持っていた。そして、私は、こうした過去のいわば葬送に当面したのである。というのは、デジマがオームラと同じような自由地区になって、日本に対するオランダの取引が、その独占的性格を失っていったからである。オランダの対日交渉は、バタヴィヤにある蘭領インド政府の所管から離れて、ハーグにある外務省の管轄下に移っていき、ヴィト氏は、近い中に、ジャワに帰ることにな

長崎の仏寺

った。かれの後任者は、もはや通商担当の総領事でなくなり、日本に駐在するオランダ政府の政治的な代表として、他の西欧諸国の公使館員と同じように、江戸に居住することになるのである。新条約の締結以来、各国外交官の関心は、首都であるこの江戸に集中されるようになってきた。したがって、長崎は、私にとって、江戸への途中にある駅に過ぎなくなった。だが、私宛に至急報が来て、手荷物の大量輸送に当たることになったため、私はまる十二日間、仕事に没頭せねばならなかった。市の奉行は、かれの慈愛ある統治の庇《ひ》護《ご》のもとに、事態の成り行きを安心して待っているようにと、私を説得したが、私が自分の意図を述べると、彼もそれ以上強要せず、彼が統治しているこの土地が、在日外国人に

長崎の墓地

とって、一番自由が制限されていない所だということを示さねばならなかった。

長崎のことを書いている、あらゆる旅行者と同じように、私もまた、この土地とその郊外の美しさを讃歎した。東の丘陵は、小公園や死者の記念碑で覆われている墓地になっているが、世界のあらゆる墓地のうちで、最も立派なものである。木造建築物の市街そのものは、なに一つ取り立てるほどのものはないが、下街から山の手に上っている花崗岩の石段と絵のように美しい山渓に架けられている石橋は、あちらこちらで、市街の単調さを破っている。この橋を造ったのはポルトガルであるが、かれらポルトガル人は、全東洋において、アングロ・ゲルマン民族の偉大な植民事業の先発者になり得たという羨むべき幸福をもつことができた。長崎の人口は、八万に達しているといわれている。長崎の生産品の芸術的価値は、私の見たところでは、極めて疑問である。かれらは金儲けに狂奔するあまり、多種多様のものを競争して作るため、本来の、独自の持ち味を犠牲にしている。対ヨーロッパ貿易で、長崎は、条約によって開港されている港のうち、第二位を占めており、第一位は現在のところ横浜であるが、もし兵庫と大坂が西欧との貿易を行なうようになれば、おそらく、第一位をかれらに譲らなければならなくなろうし、したがって、長崎も今の地位を保つことはできなくなるだろう。

さて、私を横浜に運ぶオランダ艦隊の軍艦が到着し、私は、四月十九日の夕方、それに乗り移った。この軍艦は砲十四門を持つスクリュー推進式の海防艦「副提督コップマン号」で、ジュ・エ・ブュイス氏が艦長であった。彼は、瀬戸内海を経由して江戸湾に向かう航路をとった。

二十日午前五時、コップマン号は錨《いかり》を上げて長崎湾を出て、公海に達すると、進路を北にとった。

長崎から横浜までの最短航路は、航路を南にとり、ワン・ディメノフ海峡（大隅海峡）を経由するもので、七百十二イギリス海里または百七十八地理マイルである。航路を北にとり、次いで九州北岸を東進、ワンデル・カペレン海峡（関門海峡）から内海に出ると、七百四十イギリス海里または百八十五地理マイルとなり、その差は二十八イギリス海里である。

しかも、外洋航路は距離的に短いばかりでなく、昼夜停止することなく航行するのに対し、内海航路は夜間航行を停止するので、どちらが便宜であるかということを考慮しなければ、外洋航路の方が有利である。このため、帆船はこの大隅海峡を経由する南東航路を選んでいる。それに、この航路は帆船にとって、瀬戸内海の高い岸壁に囲まれているために生ずる凪《なぎ》のため航行ができなくなるような危険が少ないからであった。ところが、内海航路は、汽船にとっては便利であった。というのは、ここでは、海岸線に沿って突如として起こる突風や極めて強い潮流に悩まされる外海よりも、非常に安全だったからである。

われわれの航行の第一日は、北風と、千島列島から津軽海峡を経て、日本海に流れ朝鮮海峡に達し、九州西岸を洗う寒流のため、うしろに戻されそうになったが、船長は、全蒸気力を出して、この抵抗を乗り切った。これが帆船であったならば、北航をあきらめて南航コースをとるか、あるいは、順風を待つより仕方がなかったであろう。日本西岸の航海を見舞うこの障碍《しょうがい》と日本人の勇敢さが、十三世紀における蒙古襲来の撃退に協力するところが少なくなかった。

その後、日本政府が、ヨーロッパ人の入国を禁止する政策を採るようになると、この国と西欧の親交と貿易を復活するためには、蒸気力による航海の発見が必要であった。日本が、アメリカ、オランダ、ロシヤ、イギリス、フランス、ポルトガル、プロイセン、スイス、次いでイタリヤ、ベルギー及びデンマークと締結した条約は、一八五三年と一八五四年に、ペリーの指揮する蒸気力による艦隊が江戸湾に現われた結果と直接関連を持っている。

日本の海岸の風景は、遠くから見ると、なにか大きな風化物を連想させるものがあり、時には六百メートルから七百メートルに達する例外もあるが、全体としては、土手に似た山脈が連なっている。

ところが、岸に近づくにつれて、単調な輪郭の中から、よりはっきりした若干の姿が浮き上がってくる。ピラミッド型をしたのや打ちかいた砂糖のかたまりのような塊状をした島が現われるかと思うと、故意に直角に切り取ったような岩の島も見えてくる。地平線上なだらかな草原はほとんど見当たらず、円みを帯びた島も極めて少ない。

左側に、五島の島々が連なっている。午後四時、われわれの船は、日本における最初のオランダとポルトガルの商業機関が存在していた平戸島とイクツキ島（生月島）の間を通っている。風が強くなってきたので、平戸島の北東岸にあるタスケに錨を下ろすべく急いだ。長崎奉行がわれわれのところに寄越した二人の水先案内は、何度となく沿岸貿易の小舟に乗って、このあたりに来ていたので、タスケが良港であることを盛んに保証した。だが、彼らは、大きな汽船が入港するために必要な港の広さや潮流の条件のことを失念していたことがわかった。港の入り口は小島や石で塞がっていて、水深も浅く、停泊場所を探すのに、苦労をすることになったのである。万全の注意を払って、やっと、三十隻あまりの小舟の中にまじって、停泊することになった。近くの部落では、お互いに呼び合う犬の吠《ほ》え声や人声が、長い間、聞こえていた。

ここから南へ一時間ほどで行けるところに平戸の町があり、人口は約一万一千ほどで、主として近海交易や捕鯨に従事しているとのことであった。平戸島の東岸と、九州の西岸の間にあるスペク海溝（平戸瀬戸）は、出島に住んでいたオランダの代理店支配人の名前をとったもので、その中間に九十九島《つくもじま》と名づけられている小さな群島があり、一般にこの海溝は、浅瀬が多く、北から南に極めて強い潮流が流れていた。

その長さ八百マイルに達する日本列島の海岸のように、切りきざまれている海岸は、世界中どこの国にも見られない。そのため、われわれの海洋図に示されている島々には、正確でなくいい加減なものが多い。それらのうちの若干は、海洋図に示されているが、その名称はまちまちである。あれこれの地点が、本来の名称で呼ばれたり、俗称で呼ばれたり、あるいは特殊な形容で呼ばれたりすることが、日本では少なくない。その上、通訳や水先案内の説明の困難さが、さらに誤りを増大している。通訳の発声の仕方や綴字法が、かれらが英語を学んだかオランダ語を学んだかで随分違っている。土地の水先案内はどうかというと、これまた、それぞれ違った地方の方言で話すのだからたまらない。しかし、通訳にしろ、水先案内にしろ、自分の義務の遂行には極めて真面目であり、西欧の新来者のむさぼるような知識欲を充たすため驚くべき才能をもって奉仕した。

出仕姿の通詞

最後に、条約そのものが、この群島帝国の地形及び海岸の測量をほとんど不可能にしている障碍に包まれていた。外国の航海者に対して、条約によって開港されている港を除き、海岸に出ることは許されなかったし、航海者にとって極めて必要な沿岸の測量すら許されなかったことである。沿岸測量の禁止に違反した船舶が、日本側の砲火に見舞われることが一度ならずあった。条約によって開港されている港以外は、いかなる港にも、外国人の入港は許されなかった。ただ、応急の修理その他航海上のやむを得ない場合の寄港だけは認められるが、乗組員は、特別の許可がないかぎり、船から外に出ることはできなかった。

二十一日の早朝、われわれは、自分の小舟に乗っている島の船員たちが、生き生きとした好奇心で見守る中を、継続的にかつ慎重に行動した後、タスケの港を後にした。この日通過した航路全面にわたって、土地の漁船及び商業帆船の大きな動きが認められた。われわれの右側には、九州における富強な地区である肥前《ひぜん》と筑前《ちくぜん》が横たわっていた。筑前の首都福岡は、人口十万を下らないが、沿海都市としてはあまり有名でない。福岡は、日本の諸港との沿海交易の外に、対馬《つしま》や朝鮮との交易を行なっている。朝鮮及び支那のジャンクは、長崎、筑前はもとより、瀬戸内海にまで進出している。彼らの運ぶ商品の種類並びに価格は、日本政府の規定した厳重な税関規則及び警察規則の適用を受けている。それにもかかわらず、これら諸国間の交易の重要性は、大きいと見え、提督ゴップが、かつて瀬戸内海を通過した時に、出会ったジャンクの数は、千五百に達したといわれている。

日本群島の最も特性的風景の一つは、その鳴き声や羽搏《はばた》きで騒ぎ立てている莫大な量の鳥類である。鷲《わし》や禿鷹《はげたか》が谷間の上を回っているかと思うと、鶴がゆっくりと松林

ワンデル・カペレン海峡（関門海峡）と下関風景

から飛び立っている。かなたの葦の茂みや入り江にまで海ガラスがやって来るし、鷺《さぎ》が魚を漁《あさ》っている。至るところで雁《がん》や鴨《かも》が列を組んで空を渡っており、鷗《かもめ》や海燕が岬や浅瀬のあたりで飛《と》び交《か》っている。

日本人は、一般に、野鳥を大切にしている。かれらは、家禽だけしか食用にしない。鶏類は、寒帯地区を除いて、広く増殖されており、日本では、ヨーロッパでよく見られる鶏をすでによくこの地の気候に馴らして、多くの新種をつくり出している。品種の交換ないし支配は、相当昔から行なわれていたようである。気候に馴化された鶏舎で、日本の使節たちに、この品種はどこの鶏か知っているかと尋ねたところ、彼等は、「多分、われわれがオランダの鶏と称している品種であろう」と答えた。

瀬戸内海の島民たちは、鶏を喜んで空瓶と交換している。私は、日本の市場で、ヨーロッパの空瓶がどんどん売れていくのを何度となく見た。これは当然な話で、日本ではガラスの製造が行なわれていないからである。日本人はまた銅版画も珍しがって高く買い、アブサンやリキュールの瓶のレッテルが、二倍の値で売れていた。

われわれの乗っているコップマン号は、関門海峡の入り口にある彦島の南東、小森江に停泊するはずであったが、強い潮流に助けられて一気に、瀬戸内海の入り口に横たわる日本本島の下関の街の前面に錨を下ろすことができた。暗闇の中に灯火が見え、港のざわめきが聞こえてきた。

翌二十二日、下関の風景を眺めるため、私は朝五時に起き甲板に出て、がっかりした。濃霧が港に立ちこめて、錨を下ろしている大きなジャンクが墨絵のように浮かんで見えるだけであった。それでも六時には霧が消え初め、亀山宮あたりの街の美景が見え出した。殊に、神社ばかりでなく、役人の邸宅や市場のあたりにも繁っている松や杉の大樹の美しさに驚嘆した。

下関やその郊外の風景は、好天ならば、定めし美しいに違いない。この日本島の南西端に向き合って横たわっている九州の一角も、ここからすぐ近くに見える小さな街、小倉の家並みや、尾根の半分をかくす濃霧の上に抜き出ている山頂を見ても、同じく絵のように美しいだろうと思われた。

英国の大商人ボイルの編集したラザフォード・オールコック卿の書物『大君の都』(The capital of the Tycoon)に、下関について次のような記事がある。

「この街は、北緯三三度五六分、東経一三一度に位し、海岸に沿って、一・五マイル平方の広さを持っている、中心街だけでも一万人を住まわすことができる。主要建築物は木造であるが、石灰で塗装した土煉瓦でできている土蔵や商店が非常に多い。これらの建物は、耐火力があると見られていて、長崎から来る商品及び内海の諸港、特に大坂から来る商品の倉庫として使われている。ジャンクで運ばれる貨物には砂糖(琉球から)、米、鉄、油脂が見られる。高い丘陵に囲まれたこの街自身は、外に出すような生産品は何もないようである。この街の商業活動は、商品の貯蔵地点ないし転送地点としての役割に限られているようである。これらの商品は、長崎港に送るものと、日本国内の需要に当てるため大坂港に送るものとに分かれており、これらの管理は、大坂商人の手に握られている。街の小売店には、薬品、ガラス、瓶《びん》、タフチェル(オランダ織)等のオランダからの輸入品や英国製の織物類が見られたが、販売価格は、長崎に比し、五〇%ないし一〇〇%高い」

この短い商業的な説明は、私にも全く正確なものと思われる。ただし、人口数は、実際よりも、やや少な目に示されているかも知れない。若干の記録は、下関の人口を三万人と記している。ボイルの述べている輸入品目についていえば、日本は、事実、火器及び海軍に対する注文を除いても、ヨーロッパに対し輸入超過である。当地で見受けるオランダ織は、綿製品の一種であって、広く、ブルジョア階級の男女の服装に用いられている。織物類は、大部分英国製品であるが、最近まで知られてなかったフランスの織物が良いというので、これに対する需要が高まり始めている。

日本の主要都市の近代的開化を行なうべきはずの偉大な条約の締結が、今日まで空文に止まっている時、誰よりも日本をよく知っているドンケル・クルティウス氏は、忍耐と信念を唯一の頼りとして、日本の二つの主要港、すなわち、関門海峡の入り口にある下関と関門海峡の出口にある兵庫の開港を日本政府に求めるため、目立たない工作を行なってきた。

特に、下関は、極東で大きな役割を演じ得る立場を占めている。軍事的見地から見れば、朝鮮の海の波を防ぐ彦島の岩島を前に控え、長さ五キロ、幅四分の三キロの狭い海溝を扼《やく》している関門海峡の鍵であるし、商業的見地から見れば、日本の二大動脈、すなわち、長崎から小倉に至る国道と、下関から大坂・京都を経て江戸に行き、さらに北、蝦夷《えぞ》の箱館の対岸まで達する国道との結び目に当たっているのである。

日本と西欧海運諸国との現在の関係は、前オランダ王国の責任代表者が立てた立派な計画があるにもかかわらず、尻込みして手を出さないでいるといった状態である。下関は、その自然的条件から、日本に来るすべての通商国家の玄関港となり得るように予約されているように見える。

関門海峡の入り口に停泊して夜を明かしたわれわれの汽船は、午前六時に潮流に乗って出航した。

出航の瞬間まで、土地の船が、われわれの周囲をあわただしく動き回った。そして、それらの船は、時と共にその数がだんだん増加していった。初め藁《わら》で作った田舎の外《がい》套《とう》を着た男が漕いでいる漁船が現われ、次いで、船首に銅を張りつけた大型の近海交易船が来たが、家財道具を一切積み込んでいた。つづいて政府の艀《はしけ》がやって来て、二人の役人が汽船に乗り込み、土地の水先案内にいろいろと質問していた。最後に、傘を持った召し使いを従えた金持ち連中の遊覧船がやって来た。もの珍しそうに見ている連中のなかで、子供たちに囲まれた父親がオランダの軍艦について子供たちに詳しく説明している姿や、誰か重要な人物の庇護を受けている女や娘たちの着飾っている姿が目についた。娘が結婚している女と変わっているのは、手のこんだ結髪《ゆいがみ》の精妙な建造物の中に、真っ紅な縮緬《ちりめん》の切れを巻きつけている点であった。

興味あるにぎやかな光景であったが、私は、見すぼらしい日本人の服装には、どうも感心できなかった。粗末な木綿の着物をまとい、素足で藁で作ったサンダルを履《は》いている姿に、私は身震いしたが、おそらく、かれら自身もこのような寒い朝では身震いしていたことであろう。

われわれは、七時に下関を後にした。北風が逆風の東風に変わったが、潮流に乗りながら風に抗して、一時間六マイルの速度で進んだ。

出航して一時間後に、われわれは、海岸を視界から失った。

この日の午後、われわれが通過したあたりは、内海でも比較的広いところであった。九州北東の端にある姫島の方向、豊予海峡まで約五十マイルに達している。

第二章　瀬戸内海

日本の諸島の概観――諸侯とその収入――日本の内海の概観――大名の城――内海の将来

日本帝国は緯度二六度（北緯二四度一六分から北緯五〇度まで）、経度二七度（パリ子午線で東経一二〇度五八分から一四八度二五分まで）にわたり、面積七五二一平方マイルで島の数は、三千八百五十に達している。

三千二百万ないし三千四百万の人口を持っているといわれているこの小さな島の世界は、六つのグループに分けられている。

六つのグループのうち根幹をなすのは、日本本土であって、三千五百十一の島よりなり、総面積五千三百六平方マイルあり、本土に続いて、蝦夷《えぞ》、千島列島、樺太《からふと》、小笠原諸島、琉球列島となっている。

日本本土の胴体は、ニッポン島であって、面積四千三十一平方マイルを占め、長さ三百マイル、幅六十ないし八十マイルに達している。

ニッポン島の南西または南方に、二つの大きな島があり、長さ五十マイル、幅二十五マイル、面積六百八十八平方マイルを持つ九州と、面積三百九十一平方マイルの四国が、それである。

日本の内海は、ニッポンの南岸と、九州及び四国の北岸で囲まれている。

この内海は、土地に囲まれた海というよりは、むしろ、運河の性格を持っている。これは、北緯三四度で、日本の西岸を洗うシナ海というよりは、朝鮮海峡の水と日本の南岸及び東岸を洗う太平洋の水とを結んでいるからである。

三つの大きな島、すなわち、ニッポン島と九州と四国は、古代において一つの陸地であったと考えることができる。かれらが分離したのは、おそらく、西岸の地核が爆発して、その跡へ、シナ海の水が現在下関のある地点から浸入したためであろう。地中海の場合、これと同じようなことがいえる。アフリカが同じような理由で、ヨーロッパ大陸から分離し、大西洋の水が現在のジブラルタル海峡から流れ込んだためである。

地中海が、一方において、ジブラルタル海峡で大西洋と連絡しており、他方において、紅海でインド洋と連絡しているとすれば、日本の内海は、一方、関門海峡または下関でシナ海と連絡し、他方、九州と四国の間の豊後《ぶんご》水道によって、そしてまた、ニッポン島と四国の間の紀伊水道によって太平洋と連絡しているわけである。

日本の内海は、時によって、周防灘《すおうなだ》または周防の海と書かれていることがある。

この内海に入った大量の水が、西から北東にかけ、すなわち、下関から大坂湾に達する二百五十マイルのかなり長い距離を洗っていることになる。

エル・レンドの意見によると、「日本の周防灘は、北緯三三度から三五度、東経一三一度から一三六度にわたっていて、長さは四百キロである」と述べている。周防灘は、ニッポン島の南岸に沿って、西から、長門《ながと》、周防、安芸《あき》、備後《びんご》、備中《びっちゅう》、備前《びぜん》、アリシア（播磨）、摂津《せっつ》、和泉《いずみ》、紀伊《きい》の順に、十州の岸を洗っている。

これらの各州は、それぞれ封建貴族の領有する一個または数個の領国となって、これらの封建貴族は、広範な自主権とその領地から上がる大きな収入を享有している。例えば、紀伊の公爵家は、その世襲領土から、毎年、八百八十万フランに相当する収入を受けており、安芸の公爵は、六百九十七万六千フラン、紀伊の公爵は、五百九十万四千フラン（註・重複しており、しかも額が違う）、備前の公爵は四百九十六万フランを受けている。

周防灘は、ニッポンと蝦夷に次いで大きな島である九州と四国の北岸、すなわち、九州では豊前《ぶぜん》と豊後《ぶんご》の二州、四国では伊予《いよ》と讃岐《さぬき》と阿波《あわ》の三州の岸を洗っている。

奉行の行列

ヨーロッパの地中海が、数個の海域に分けられているように、日本人も、自分の内海を五つの部分に分け、それぞれの部分を領有する州の名前をつけている。すなわち、周防灘、伊予灘、備後灘、アリマ灘（播磨灘）、和泉灘がそれである。

われわれは、周防灘を通り過ぎて、夜十時に、伊予灘のヨゴシマ島（興居島《ごごしま》か？）の入り江に錨《いかり》を下ろした。

この停泊は、シュワルツブルクの山に、どこか似ている山が、雲のある夜空に浮かんでいたというぼんやりした印象を残しただけで翌四月二十二日、早くも夜明け前に錨を上げ、私が目を覚《さ》ました時にはもう沖に出てしまっていた。

かすかな北風が吹いて、晴れ渡ってお

り、風景を眺めるには、持ってこいの快適な日であった。朝食と昼食の時間を除いて、私はすべての時間を甲板の上で過ごし、下の露天作業場で行なっている水兵たちの演習や陸戦隊員の教練を見下ろしたり、右、左に、間断なく現われてくる大小さまざまの島の風景を嘆賞した。これらの島は、裸島もあれば、よく茂った島もあり、無人島もあれば、人の住んでいる島もあって、内海の航行に大きな魅力を与えていた。

ニッポン島が、すでに視界から消えると、今度は、四国の山々が霞んだ姿を地平線上に現わしてくる。

不毛の島は、概して、黒色または暗色の火成岩からなっていて、ピラミッド型をしたり、円錐型または塊状をしており、時には奇妙な形をしているのもある。島の中には、オランダの砂丘を想わせるような、表面波状をしている砂州になっているのもあった。

無人であるが、不毛でない島は、近くの村人が出かけて行って耕している。われわれはいま、多くの場合、掛け小屋がある斜面の耕地の傍らを航行している。そこでは、裸麦の畑が、波のようにうねっている。ここでは、小麦を十一月か十二月に種を蒔《ま》き、五月か六月に収穫すると、代わりに稲を植え、十月に刈り取っている。

われわれを取り巻く広い農地には、黍《きび》とか綿を三月か四月に植えつけ、九月か十月に取り入れている。

農業と漁業は、日本民族の主業である。島国の海は、数限りない各種の魚が豊富であって、その中には暖流に住む珍しい種類の魚がいる。これらの魚は、おそらく赤道下の潮流から分かれて、普通の海水よりも高い温度を保っている、深い海流の中に住んでいるのであろう。

自然の富に囲まれながら、勤勉でものわかりの良い多数の日本農民は、貧弱な小屋と、農具、数着の木綿着、畳、蓑《みの》、わずかの茶、米、塩のほか、自分のものは何ひとつなく、いわば最低の生活必要品以外は何ひとつ持たなかった。かれらが汗水流して生産する、その他すべてのものは、封建的支配者である農地所有者に属していた。

中産階級の欠如は、日本の農村に貧相な風景を与えている。自由な文明開化は、内海の沿岸を美しい街と立派な別荘で覆うことになるに違いない。ただひとつ、農民部落の単調さを破っているものは寺院だけであるが、それも、遠くからは、大きな広い屋根とそれから数百年を経た大木が目立つだけである。仏教の宝殿や各階に極彩色の回廊を持ち、屋根の先端の尖った屋根を持つ高い塔は、支那に比較して、日本では非常に少ないようである。

備後灘にはいる時、われわれは、四国の岸に、見たところ、かなりに大きい今治《いまばり》という街を認めた。日本では珍しく広い砂浜が街の郊外に続いていたが、そこで市場が開かれているらしく、人々がたくさん集まっていた。

沿岸地域の彼方、陽光を受けた山脈の麓《ふもと》にある波打つ沃野が遠く去っていき、やがて霧の中に消える。山脈の主な峰は、コリ山、ウヤフウチツラン、城山といい、見たところ千メートルから千六百メートルの高さである。

築城作業というよりは、むしろ、土盛り作業といった方がよい作業が行なわれていて、その背後に数本の旗がなびき、小銃部隊が警備していた。兵隊や将校たちの群が岸辺に立っていて、われわれの軍艦の動きを見ていた。街そのものは、大木の植わった神社のほか、これといって、目を引くものは何もなかった。

それからしばらくたって、われわれは、射程距離内で、日本の大きな汽船と出会った。水先案内に説明を求めたところ、彼はそれに答えて、旗の色から判断して、この汽船は土佐のクニヤジ（公爵）のものだといった。土佐の公爵は十八名の「大大名」のひとりであり、彼の領地は四国島の南部にあり、年収三百八十七万二千フランに達しているとのことである。彼は京都の皇帝の宮殿における封建党の集会からの帰りであったのかも知れない。このような場合、彼は、豊後水道を通って、自分の領土に帰るためには、兵庫から汽船に乗らねばならなかった。彼は、どのような感情で、内海

四国丸亀の城

の波を蹴立てて進む外国の海防艦を見たであろうか。彼は、いよいよとなった場合、西欧の文明が彼に与えたところの武器によって、西欧の文明を撃退しようと考えているのであろうか。彼はその結果がどういうことになるかを知っているのであろうか。

ヨーロッパとアメリカが日本の海軍に供給した軍艦は、われわれにわかっているところでは、十四隻に達している。最初の海防艦セムビングは、オランダ国王からタイクン（大君＝将軍）に贈ったものである。もうひとつの海防艦エムペラーは、ヴィクトリヤ女王の贈り物である。その他のものは、西欧諸国の政府または貿易業者によって、一部は大君に、一部は主要大名である水戸、長門、薩摩及び土佐等に売却したものである。

日没の少し前に、われわれは、四国の岸に、領主の城を見た。その麓に農村の部落があって、こんもり茂った丘陵の上に立つ壮麗な姿は、これらの農村部落が古い封建の塔の庇護の下に身を寄せているかのように見えた。これはマロンガミ（丸亀）城で、百万フランに近い年収を持つキョオゴヌ・サノケ（京極・讃岐守のことか）公の居城である。

大名の城は、一般に、街や村から離れている。その一般的なタイプは、厚くて高い壁からできている四角な広い柵があり、その四角《よすみ》、または、一定の間隔を置いて、屋根がちょっと曲がっている方形の塔が立っている。内部には、公園、庭園、領主の居館、各種の事務所がある。居館の間に、同じような格好をした塔が聳《そび》えており、壁の上を二階も三階も抜き出ている。支那の塔のように、各階に屋根をつけているが、回廊をめぐらしているのは少ないようである。石で造った部分は、加工してないが、セメントで固めてあり、土煉瓦のところは、石灰で白く塗ってある。木造の部分は、赤色または黒色で彩色し、銅製の飾り物を付けたり、漆《うるし》や顔料を塗ったりしている。屋根瓦は黒鉛色をしている。一般に、細部の装飾は第二義的であって、主要な関心を払っているのは、均斉の取れた建造物の壮大さと調和を感じさせる全般的な効果である。

日没と共に、風が静まり、旅行中、一番すばらしい夕方になった。月の明かり、澄み切った空、滑らかな海、ただわずかに、何か大きな魚が跳ねた時と潮流のために、軽い潮のざわめきがするだけであった。

われわれは、アリマ灘（播磨灘）の入り口、備中の南端にあるスゥツジマ島に錨を下ろした。われわれを取り巻く山脈の麓で、民家の明かりがまたたいていた。深い静けさが遠く吠《ほ》える番犬の声に破られる。空気は驚くほど澄み切っていて、われわれは、夜通し、甲板で話し続けた。

翌四月二十四日、われわれは、おだやかなアリマ灘に波頭を立てながら進んだ。アリマ灘の東側は、三十マイルの長さを持つ島のため、和泉灘との間をほとんど閉ざされてしまっている。ニッポン島の播磨州と向かい合い、北に傾いた三角形をしているこの島は、日本民族発祥の地とされている神話の土地、淡路島である。北部の低地はよく茂った植物に覆われているが、南に行くに従って土地が高くなり、丘陵地帯から三百メートルないし七百メートルの高さの、高台というよりは、むしろ山脈となっている。

淡路島は、年収四百万フラン近くを持っている阿波の公爵の領地である。淡路の南部は、鳴門海峡を隔てて阿波と対しており、リンスシェテンスク海峡（紀淡海峡）を隔ててニッポン島の紀伊と対している。

日本の内海を西から東に航行する汽船の大部分は、アリマ灘から和泉灘に入り、そこで要港兵庫に停泊した後、リンスシェテンスク海峡を経て、太平洋に出ている。

アリマ灘から、直接、鳴門海峡を経て太平洋に出るコースは、短距離ではあるが、このコースは、大きな船にとっても、全く安全とはいえないため、通航するものははなはだ稀である。

ビュイス氏は、この鳴門海峡を通過してみようと決心した。われわれの汽船が、三角形をした淡路島の南西部を目指して進んで行けば行くほど、島の海岸は次第に大きくなって、われわれの前に迫ってくる。これと同時に、右側の地平線上に、四国の岬が見え始め、それがだんだんと淡路島の方に伸びていく。まもなく、われわれの汽船から、四国の鮮明な茂みとそれにも劣らず豊かな淡路島沿岸の茂みが、よく見えるようになってきた。ついに、海峡の入り口が見えてきた。左、淡路島の方に、松を戴いた岩礁があり、右、四国の方にも、同じく珍しい松の茂った岩礁や小島がある。この両岸に挟まれた海は、渦巻く波の線で区切られているように見えた。ところで、天候は非常に穏やかで、遠くの海面には、波浪ひとつ見えなかった。つまり、潮流がこの狭い通路に殺到したために、海が、ここだけで、荒れ狂っているのである。われわれは蒸気を止めたが、次の瞬間に、渦巻きの中に巻き込まれていた。われわれは波浪で取り巻かれていたが、岩礁のあたりには、何千という鳥が、鳴き叫びながら、潮流の襲撃と圧力で、底まで攪乱《かくらん》された海が持ち出す獲物にありつこうとして、海水に潜っていた。数隻の漁船が停まってはいた。もちろん、巻き込まれないように、それまでの渦巻く海峡の上ではなく、岩礁の後方にある深い入り江や小島の砂浜あたりに待機していたのである。

鳴門海峡の幅は、岸から岸まで八百メートル、長さは、二キロないし三キロである。鳴門海峡とリンスシェテンスク（紀淡）海峡の水は、紀伊水道に連なっている。われわれは、しばらく紀伊水道を航行しているうちに、土地が見えなくなってしまい、やがて、波の大きさとうねりで、外海、すなわち太平洋に出ていることがわかった。

一晩中、私はこんどの航行のことを想い浮かべていた。私は、日陰の渓谷、急流の活気あるざわめき、湖を想わせる山に囲まれた入り江の風景、九州農村の穏やかさと静けさ、そうした長崎郊外の美しい風景を快く想い浮かべた。そして、スイスの風景だけが、日本のこの美しい自然と比較することができるのではないかと思った。同じように考えている者があると見え、スイスに旅行したことのある日本人が、私に、スイスのように祖国を想い出させる国はどこにもなかったと語った。これらの思い出を一般的な印象として混合することは不可能である。内海沿岸の舞台装置がそうであったように、一ヵ所といえども、同じ風景を見ることができなかった。

風景に関する問題は別にして、われわれと極東日本との交流関係の本質的要素が欠如していることが、いかに疑い得ない事実であるとしても、われわれは、早かれ遅かれ、横浜、兵庫、下関、長崎によって示されているように、このすばらしい国の自然の法則に適った貿易の軌道を発展させる一連の外国人居留民団が、日本において組織されることを期待している。こうしたことに役に立つのが正しい商船交流である。アメリカと支那の商船は、両国と太平洋の島国との交流に貢献している。熱帯の気候や支那における仕事の繁忙に疲れているヨーロッパ人たちは、日本に来て清新な空気を吸い、内海の海岸で数週間を過ごすことを歓迎するだろうし、ヨーロッパの婦女子も、イタリヤのいかなる避暑地にも劣らないこの国のおだやかな気候の中で、猛暑の数ヵ月を送る幸福な可能性を持つことになるであろう。

これは、今のところ、時の流れと文化開発の成功に先行している希望である。この希望が、周防灘におけるヨーロッパ社会実現のすばらしさを描いている。私は、まだ不正確な地図をたよりにし、また土地の水先案内に島や山や村の名称をたずね、土地のものが「良港」と名づける小さな入り江に投錨《とうびょう》しているような、初歩の状態にある日本の内海を見る可能性を持ち得たことに満足していることを、告白するものである。

第三章　江戸湾

潮岬から江戸湾へ――ペリー提督の遠征――神奈川条約――横浜到着

　われわれは、四月二十四日の夜から二十五日にかけ、ニッポン島の南端、すなわち紀州公の領地の南端イズミ（潮）岬を後にし、二十五日の丸一日、帆を掲げて、一昼夜三十五マイルから四十マイルの速度で、南西から北東に進んでいる黒潮の流れに乗って進んだ。

　晴天で、海はエメラルド色に煌《きらめ》いていた。何時間も、私は、甲板の上で、休むともなくぼんやりともの思いに沈んでいた。私は初めて、帆による航行に満足を感じた。甲板上を占める静寂さが、三本のマストに白い帆を掲げている船の壮大な姿にふさわしかった。われわれは、勇を鼓し、タイクン（将軍）の居城の門に威儀を正して現われるため、故意にそうしたかのように、火を消し、機関の騒音を止めた。

　そのうち、夜になり、万一の場合に備えて再び蒸気を入れた。というのは、岸から吹いてくる風が、江戸湾に入ろうとする船の運航をしばしば妨げたからである。

二十六日の明け方、六つの島を見出した。それらは、あたかも広い海の入り江の入り口に来たことを示す信号のように立っていた。そのうちの一つ三宅島は、処女雪で覆われた高くて広い頂上のため、特に目立って見えた。上昇する太陽が、海上の濃霧の中で、日本の国旗の白地の上に描かれている真っ赤な丸に見えた。北西には、オゴシマ（大島）の二つの煙を吐く噴火口が聳《そび》えていた。

伊豆半島に食い入っている入り江の中に、江戸湾の付近にある第一の要港、下田の街があった。アメリカ人は、一八五四年に、この地に居留地を設ける許可を得たが、その後、地震のため港が壊れ、一八五八年の条約には、この港のことについてはすでに何もいっていない。岸辺に多数の漁船が見え、時には、近海航路を回っている大型の二つまたは三つの帆を持つ船も出入りしている。

生気に満ちて、明るい光を浴びたこの風景は、色彩の美しい調和を表わしている。広大無辺な天空は、もっとも明るい紺碧《こんぺき》であり、海は緑がかってはいるが、深海で見るような暗い感じが全然なく、岩石の多い海岸の海水によく見られる透明性をまだ十分に保っている。どの島も目覚めるような若葉に包まれている。そして、これらに、白帆をかかげたこの地方の小舟、雪をいただく三宅島、煙を吐く大島を加えて、この美しい生気に充ちた海の風景が完成されている。

こんもり茂った丘、よく耕された畑、その上、大きな部落まである火山島の傍らを通り、相模岬を後にして、江戸湾の狭い入り口にはいった。ここは浦賀水道と名づけられている。そして、同じ名前の街に、一八五三年、ペリー提督の艦隊が停泊した。アメリカの使節は第一回の訪問の際、日本政府の全権代表に、自分の訪問の目的を説明し、タイクンに宛てた米国大統領の書簡を手渡した。これと同時に、彼は、返答を受け取るために、翌年再び来航することを告げた。一八五四年、再び来航した提督は、米国艦隊をこの港（浦賀）で抑止すべしとの命令を受けている浦賀奉行の提案を無視し、江戸政府に厚意ある強制を加えるため、この港の傍らを通り抜けて江戸湾に入って行った。しかし、民衆の不安動揺を避けるため、首都には入らず、錨《いかり》を江戸の南十二キロのところに下ろした。そして、六週間後の一八五四年三月三十一日、彼は、両国の新しい交流を約束した神奈川条約に署名したのであった。

現在、われわれのいるこの地方には、日本を開港したアメリカを記念する地名が多い。アメリカ艦隊の主要軍艦の名前をつけたものに、浦賀の北方のシュスケガン入り江（追浜?）、それに向かい合った東海岸のサラトグ岬（富津岬）、さらに北方の西海岸にあるミシシッピ入り江がそれである。西海岸にあるペリー島及びウェブスター島は、提督と日本探検の計画者を記念したものである。

サラトグ岬の前方に、しばしば海難の原因となった砂地の暗礁があり、航行可能の通路は、六マイルの幅しか残っていない。

だが、本格的に江戸湾に入ると、次第に広くなってゆき、日本の大首都あたりでは、西海岸から東海岸まで二十二マイルに達している。

午前十一時前、コップマン号は、速度を落とした。日曜だったので、鐘が隊員を礼拝に参集させた。全員、甲板に集まって、オランダ国旗で覆った机から少し間隔を置いて並べてある長椅子に腰を下ろした。当直将校が机の上に厚いバイブルを置いて、折りたたみ椅子に腰を下ろし、第十二章の中からアポストルの福音を読み、それに、ナポレオン・ルッセルの聖書黙禱録からの教語のいくつかを付け加えた。その後で、彼が立ち上がると、全員それにならって起立し、休日の祝福があって、艦長が隊員を解散させた。白状するが、甲板上での宗教儀式は私をひどく感動させた。山の上と同じく、海上では、大寺院における儀式に比べて、不完全であり粗末ではあるが、しかし、儀式は簡単であればあるほど効果的である。

こうした感動の上に、さらに、自分の観測場所である甲板に帰ってきた私の目の前に現われた驚嘆すべき風景の影響が加わった。

ミシシッピ入り江の彼方に、われわれが初めて見る海抜一万二千四百五十フィートの死火山フジヤマ（他に比類なき山）の頂上が立っていた。それは入り江の西方、海岸から五十マイルのところにあって、一連のアコンスキイ丘陵を例外として、完全に孤立していた。この巨大な孤立したピラミッドの与えている効果は、あらゆる記述を超越するものであった。それは、海水の濁った色と、沿岸に連なる諸丘陵の分水嶺を取り巻いている大量の松や杉の暗緑色のため暗い性格を持っている江戸湾の風景に、表現することのできない壮大な性格を付け加えている。

提督ペリーとタイクンの全権代表の間で条約の調印が行なわれた地点を後にすると、南と西を木の多い丘陵に囲まれている沼沢地に、長く続いている横浜の海岸通りが見えてきた。白い家並みと領事館の旗が目立つゲルマン民族の居留地に向き合っている投錨地には、イギリス、オランダ、フランス及びアメリカの商船と軍艦が、二十隻ほど停泊していた。土地の帆前船群は、港の積み荷や税関の商店から少し離れたところに錨を下ろしていた。

われわれは、速度を落として、ゆっくりと、一部の商店を除いて、地上一階以上ののものない木造家屋が並んでいる日本人街の横を通り過ぎていった。広い川の河口、横浜の海岸の端にあるベンタン（弁天）地区に到着した時、われわれの海防艦は、自分の選択で、オランダ大使館の近くに錨を下ろした。当時、オランダ大使館は、この地区における唯一のヨーロッパ人の居館であった。私は、翌朝上陸した。私の優れた主人公、オランダ総領事ポリツブロェク氏は、彼自身が使用している建物の中心部に、私の部屋を与えた。

第四章　日本のヨーロッパ人居留地

オランダ人居留地――その居留者――私たちの召し使い――日本語の授業

オランダの居留地ベンタンは、日本政府によって建てられたものであった。日本政府は、この機会を利用して、自己の関心を持つ国際的課題を解決しようとした。というのは、われわれの文化生活の要求に対し、土地の建築技術をどのように採用するかという問題を解決しようとしたのである。本館は、北側と東側に尖塔《せんとう》のある二つの高い壁と、南と北に向いた二つの長くて低い塀からなる長方形をしていた。広い回廊をなすヴェランダは、地上三フィートで、スイスの山小屋のように柱で支えられていて、北と西と東側を塀でめぐらしていた。これらの塀は、それぞれ中ほどに典雅な階段があって庭園に下りるようになっていた。すべての居室から、窓代わりになっている観音開きのガラス戸によって、ヴェランダに出られた。広間だけで使用されている東側の塀には、同じようなガラス戸が四つあり、北側の塀には、八つあった。西側は、表玄関になっていて、そこから広々とした高い廊下が広間に続いており、

横浜の町の一部（アンベール『幕末日本図絵』〈雄松堂出版刊〉より）

かつ、どの居室とも連絡できるようになっていた。南側には、浴場、物置、倉庫、台所及び寝室があった。天井が高くて、台所と廊下が広いため、空気が自由に各部屋にはいっていった。明かりについて言えば、もし多数のガラス戸がなかったとすれば、ヴェランダが建物の内部に明かりの差し込むのを妨害しているという不便さを除き得なかったにちがいない。

このような広い建物の一部をなす、低い一階建ての

われわれの住居は、お互いに連絡し合っている屋根を持っていたが、その内部は、床も、天井も、室も、屋根裏も、明かり窓も、すべて完全に独立していた。日本においで採用されているこのような建築様式は、極めて大きな建物、例えば寺院や宮殿に対して、地震や台風と称せられている暴風雨の破壊力に対抗する可能性を与えようとする目的を持っていた。

露天梯子が、南側の屋根に沿って見晴らし台のある建物の頂上まで、ジグザグに懸かっていた。われわれは、しばしばこの空中観測所からヨーロッパの郵便を運んでくる定期船の到着するのを眺めたり、また凪《なぎ》のため停船している旅客船の消息について、まる一ヵ月も、われわれを待たせた歴史的な日本政府の緩慢な返答を受けた時、よくここに登ったものであった。

こうした時、停泊所の表情、連合艦隊及び建設されつつあるヨーロッパ人居留地の表情は、われわれの忍耐を満足させたように、すべてのことが速やかに運ばれていないとしても、ヨーロッパ人にとっての日本開発の偉大な事業は少しずつ進展していることを示しているように思われた。

広い国で、国家の政策のみならず、規定された社会法規が、不動不変のものであると考えることは、極めて困難である。ところが、日本ではそう考えている。国内生活にどのような事件が起ころうと、どのような対外交渉が起ころうと、日本政府の変化のない政策が二百年に亘って続いてきたし、日本政府は、その政策をほとんど完全に実現し得たことに自らを慰めることができた。ところが、突如、誰もが予想しなかった蒸気を航海に利用するようになると、日本の支配者たちからかれらの辛棒強い努力の成果を奪うことになった。数隻の軍艦が思いがけなく江戸湾に現われたことは、階級精神と民族的自尊心が生んだ、異常な政治的錯乱に対する人類の抗議であった。一言にしていえば、彼らの出現は、予言者によって、支那から新世界への道程における自然の法則にかなった駅になるべきだとされていた国家への入り口を、永久に閉ざそうとする政治構造を破壊したのである。現在、われわれの目を引く情景——すなわち、古い法律、我武者羅《がむしゃら》な反対、伝統的な抵抗にかかわらず、新しい文化は日本の社会のあらゆる階層に浸透しており、また、西方世界の偉大な島国帝国に対する商業的関心がいちじるしく高まっている時、ここ十二年間に達し得た成果は、わずかに数隻の軍艦が舞台に登場していることと、三千万の住民の中では、大海の中の一滴のように消されてしまうであろう二百〜三百人のヨーロッパ及びアメリカ人の商業活動が行なわれているに過ぎないというこの情景——は、われわれに、少なからざる驚きを呼び起こしている。

私が述べた家には、オランダ総領事、彼の事務長、私の秘書兼通訳であるオランダ人及び私の四人だけが、特別扱いを受けて住んでいた。しかし、われわれを取り巻く役人や事務員がたくさんいて、かれらは、庭園の植え込みや花壇の間に点在する小さな家に住んでいた。

われわれの住居の西口に近く、領事館付きの警官の住居があったが、われわれはここに写真作業場とオランダ艦隊員による哨舎《しょうしゃ》をつくった。それから少し先に、扉を密閉し、鉄の鎧戸《よろいど》のついている耐火物資の貯蔵所がある。門番たちの住居は、庭園にある門の傍らにある。そして、庭園は四方を高い塀で囲まれているが、ただ、入り江の方に面した部分だけは、海岸におりる階段と並んで竹垣になっている。入り口の門は、塀と同じく黒い色で塗られていて、主要な柱の上部は銅で巻いてある。門には扉が三つあり、真ん中の大扉は、両開きになっていて、ここは主人と客人だけが通り、両側にある二つの小さな扉は、配達人、土地の商人、勤務員のためのもので、いつも開かれていて、日没になって初めて閉ざされることになっている。守衛長は、爾余の召使いたちを代表する家長的存在で、隣近所に対してすら一種の族長的権威を持っている。彼の室には、いつも茶や煙草が用意されていて、ここベンタン地区の遊び人やおしゃべりたちの集まり場になっている。とはいえ、勤務の方は、日本流の秩序でキチンとよく行なわれていた。日本でモンバン（門番）と名づけられている守衛の仕事は、警備や門の扉の開閉に限られておらず、かれらは、小さな槌《つち》で扉の側柱にぶら下げてある銅鑼《どら》をたたいて、昼と夜の時間を知らさねばならなかったし、また、誰が家の方に来ているかを知らさねばならなかった。商人や行商人が来た時には一つ鳴らし、将校や通訳は二つ、領事や艦長または日本の奉行が来ると三つ、大臣や提督となると四つといったぐあいである。表門から家の玄関までの通路は、来客を出迎えることができるだけの十分な長さを持っていた。

　最後に、門番は、もうひとつ夜警の仕事を持っていて、家の周囲を一時間に二回見回ることになっている。時には、信用できる自分の助手にやらせることもある。夜回りする者は二つの四角な棒（拍子木）を、最初に長く、次に短く二度たたきながら、自分の存在を知らせながら歩く。非常の場合には、続けざまに速くたたかねばならない。

　南側の塀のあたり、よく茂った木立の陰に、住宅や小屋や各種の付属建築物が並んでいる。まず、支那人の洗濯屋があり、次に、厩舎《きゅうしゃ》があり、その向かいに、日本人ばかりの馬丁またはベト（別当）たちの住む小屋がある。どの馬にも別当がついていて、いつも馬から眼を離さなかった。で、誰かが馬に乗って出かける時には、馬の前かまたは横にいて走り続け、用があれば、いつでも間に合うようにしていた。この力仕事をする者たちは、選抜検査員を持っているところの全国的な組合に属していて、この組合の棟梁は、自己の義務を遂行する時には、帯刀を許されている。別当は、普通中背だが、立派な体格をしている。彼らは、大抵裸で歩いているが、主人のお伴をする時には、草鞋《わらじ》を履き、黒い半纏《はんてん》を着、頭は手拭いで鉢巻をした。われわれのところにいる別当のひとりは、毎朝、井戸端で真っ裸になり、妻、子供、馬という順序で、清水を浴びせ、最後に自分も浴びるのであった。

厩舎の隣は犬小屋で、二匹の俊敏な犬と、猟犬と番犬とシュピッツがそれぞれ一匹ずついた。次の鳥小屋には鶏、鵞鳥《がちょう》、鴨《かも》がいっぱいいた。

最後に、料理人とボーイ（雑役夫）たち雇傭人《こようにん》の住居にやってくる。日本人は、この料理人を、ナンキンサン（南京さん）、または簡単に表現して単にナンキン（南京）と呼んでいる。南京生まれの人、すなわち支那人という意味である。

われわれの雇っているナンキンは、自分の民族の服装をしており、膝より下まで届くといって、彼自身が自慢にしている弁髪《べんぱつ》まで、そのまま残している。かれらの任務は、わが国の台所係みたいなものである。全極東で、ヨーロッパ人は、この任務を、普通、料理に天与の才能を持つ支那人の手に委ねている。

われわれのところに、シデン及びサリデンという名前のふたりの日本人と、マライ人の風習のように、長髪の後頭部を丸く剃《そ》っている長髪族の支那人の子供が、奉公している。彼の名はレベリといった。満州族の王朝に対する長髪族の深い憎悪が災いして、焼き討ちと虐殺を受けた叛乱地で、王朝軍またはその同盟者のために捕らえられた男の子や女の子を売買するという新しい商売が起こった。こうした経路で、少年レベリは、フランス・支那軍の兵隊の手から上海《シャンハイ》の市場に移され、そこから、さらに日本に移されたのであった。いつか、フランス公使館によって派遣された仏領アフリカ歩兵部隊に属する使者が、彼が持って来た至急公報を手渡すため、われわれの食堂に案内されて来た時、レベリは、彼を一目見ただけで、全身がぶるぶる震え出し、つまずきながら、ヴェランダのドアの内部に逃げ込んだ。かわいそうにこの少年には、ただ一つの思い出、しかも怖ろしい思い出だけが残っていて、何かの機会に、この思い出――家が炎に包まれ、赤い服を着た男が近寄ると、彼を捕らえて腋《わき》の下に引っ抱え、家から遠くの方に連れ去ってしまったという思い出――が喚び起こされると、いつも彼は、恐怖のために、身体が硬直するのである。

室内における召し使いの仕事を、すべて土地の者であるボーイがした。本館に住む者は、いずれも、自分のボーイを持っていた。私の召し使いは、トオという名前の若い男の子であった。多くの日本人がそうであるように、彼は自分の正確な年齢を知らなかったが、額の上を剃《そ》り上げていないので、彼がまだ少年時代から出ていないことは確かだった。彼は大変呑み込みの早い、極めて物静かな性格を持っていた。黙々と、しかも落ち着いて自分の任務を遂行する点で、わが国のジャワ（蘭領インド）人に劣らないばかりか、かれらよりもはるかに多くのことを知っており、その上、常に朗らかで、愛想が良いという優秀性を持っていた。私は、最初に、彼から日本語の授業を受けた。彼は、三つの言葉で、会話を理解するための鍵を私に与えた。彼が無意識に、このような程度にまで、哲学の方式にかなった方法を用いていることに、すべての人が驚くだろうと私は思った。事実また、すべての知的行動は、疑問と否定と肯定の、三つの最も重要な表現に帰着している。すなわち、行動を表現することができたならば、あとはすべて、単に字引の問題である。すなわち、あらゆる場合に説明することのできる日用語の一定量を記憶すれば十分である、というわけで、まず疑問から始めて、日本語で、アリマスカ——すなわち、有りますか?を教わり、次いで、否定のアリマセン(有りません)に移っていき、そして肯定のアリマス——有ります——に終わるわけである。

その後は、字引が、われわれに必要な言葉を教えてくれる。例えば、ニッポンは——日本、または日本人、チ(ヒ)は——火、チァは——茶、マは——馬、ミズは——水、フネは——小舟または船、キンカ(ケンカ)は——戦争等々である。

この上に、われわれは、長い間使用されて、日本語になっている言葉を付け加えた。すなわち、ゴランダ——オランダ人、イングリシ——イギリス人、フランツ——フランス人、ミニストロ——大臣、アミラル——提督などがそれである。こうなると、われわれは、手真似が必要ではあるが、通訳なしに説明することができた。例えば、かなり長い間留守にしたあとで、家に戻って来た私は、トオにお茶を持って来させるため、「チァ、アリマスカ」というと、彼は「アリマス」と答えて、まもなくすると、お茶はもう私の前の机の上に置かれている。私が、警報が鳴っているのを聞いて、火事ではないかと思い、「チィ（火）アリマスカ」と尋ねると、トオは、「アリマス」と答える。しばらくして消火されると、彼が戻って来て「アリマセン」という快報を私に伝える。このような方法で、私は、彼に、湯を沸かしてお茶を入れろとか、別当を呼んで馬に鞍《くら》をつけさせるようにとか、話すことができたし、彼もまた私に、英国からの郵便物が届いたとか、軍艦が港に入ったとか、日本の大臣がフランスの旗艦を訪れたとかいうことを、知らせることができた。私は、これ以上、日本語を引用することを止めるが、このようにして、われわれの会話の範囲は、拡大されていった。

われわれの居留地の全員を数え上げるためには、四人の漕ぎ手とその頭《かしら》からなる領事館の舟艇員を挙げねばならない。かれらは、頭をも含めて、いずれも漕ぎ手の名人であって、頭は妻帯者で、海岸際に住んでいたが、漕ぎ手たちは、夜はこの舟艇で寝泊まりをしていた。こうした職業に従事する人々は、「センドウサン」（船頭さん）と呼ばれていて、職人仲間では、特別な職場を形成していた。

われわれの奉公人たちが、お互いに関係を持たない各種各様の分子から成っていることを、何か他に例のない特別な状況のように見るべきではなく、こうした組み合わせは、極めてしばしば英領インドや極東において見受けられるのである。

全世界の海を股《また》にかけて活動している現代の蒸気船は、その凱旋《がいせん》戦車隊で、征服した民族、種族、土民を制御していた古代の征服者に似ているが、ただ違っている点は、産業的な自由な現世紀は、文化で征服した諸民族を奴隷の鎖で苦しめることなく、交易とよい賃銀と各種の物質的利益の絆《きずな》で、かれらを自分の方に結びつけているのである。とはいえ、新しく開かれた国における文化開発の代表者でありながら、ある人が奴隷という形で表現された他の人々を搾取した、古代における恥辱と同じような恥ずべき行為を行なっている場合が発生している。しかし、最近におけるわれわれの活動の全部門における成果を正しく検討するならば、文明開発の事業における以前の参加者よりは、金儲け第一の粗暴な行動をする者が、減少していることを認めるであろうし、また、全身を科学への奉仕と社会の進歩と伝道的使命に捧げている理性的努力心が、いまだかつて見られなかった程度に払われていることを認めるであろう。

現代史におけるこのような傾向を認めないことは、たとえそれが単なる旅行記である場合でさえも、最も重要な特徴を理解していないことであり、その特徴が示している利益の最も豊富な源泉を自ら棄て去ることを意味するものである。

第五章　われらの隣人

鳥居——お寺——お堂と坊さん——坊さんの役目——茶屋と料亭——役人——陣屋——日本婦人の来訪

ベンタン（弁天）と称せられている横浜の日本人街の一部は、われわれの居館の西北に横たわる島に祭られている、海の女神の名前をとったものであった。ヨーロッパ人がやって来るまで、この聖地は、漁師や農夫たちの部落に取り囲まれていて、同じように素朴な他の部落から湖水で隔てられていた。現在では、条約の結ばれた山の麓《ふもと》から、われわれと兵舎及び日本の番所を隔てている河に至る広い場所を、市街、舗装道路、その他の近代的施設が占めている。ただ、ベンタン島と直接それにくっついている部落だけが、旧態依然として、何の変化もない。それは、すぐ近くで横浜の港に流れ込んでいる河のためにできた深い入り江の中にあって、四方を花崗岩の石塊で守られていて、橋のある海岸通りが連絡路となっている。ところが、その海岸通りは、その辺り一面を覆っている灌木《かんぼく》や竹藪《たけやぶ》や葦の茂みでほとんど見えない。しかし、われわれは、東の方にある別の地点で、この島と聖地の前庭に出る入り口を見出した。ベンタンから横浜の市場の一つに出ている街路の一つに、警官が、昼間は開いて、夜は閉ざしている関所を設けているが、この関所を通り越すと、松並み木の道への入り口に、鳥居という名称で知られている聖地の前門が、目の前に現われる。この門は、二本の柱とある程度の高さでそれを結びつけている水平な二本の横木からできており、上の方の横木は少し太くて、端が軽く空の方に曲げられており、そして、この二本の柱は、もし横木を支えておらず、そのまま伸ばしていけば、先端が尖角《せんかく》をなして食いつくかのように、お互いに傾き合って立っていた。

鳥居は、ほとんどすべての場合、寺院、教

横浜の骨董屋

堂、またはなんらかの神聖な場所の先触れの役を勤めている。われわれの散文的な言葉で、珍奇と名づけているもの、例えば、岩窟《がんくつ》とか、飛沫《ひまつ》を上げている源泉とか、巨大な樹木とか、あるいは奇岩怪石とかいったものが、日本では、神聖な礼拝の対象、または迷信的な恐怖の対象となって、この国の坊主たちは、この民族的な宗教心に、より限定した形を与えることを決して忘れないで、それぞれ非凡な地点に鳥居を建てるのである。

また、しばしば社殿の入り口に数個の鳥居を均斉のとれた列に配置していて、これにより、ギリシャにおける柱廊やカトリックにおける聖ペテロの柱列に表現されている建築理念を、日本において、全く農村的な素朴さで復元している。

ベンタンの入り口にある松は、均斉がとれて、高くて、そのほとんどすべてがいつも海風の影響を受けているため、規則正しく一方に傾いていた。時々、それらの松並み木を横木が横切っていて、祭日に坊主が題銘や花冠をぶら下げたり、幟《のぼり》を立てたりする。松並み木の終わるところに、前よりも小型の第二の鳥居が設けられていて、展望に大きな効果を与えている。このあたりは、神秘に充ちていて、高い草や灌木が生い茂っている、なんだか無気味な所で、左に、河の河口を作っている小さな入り江の滑らかな水面があり、われわれの前方には、ひどく彎曲《わんきょく》した芸術的な木橋があって、その向こうに、高い樹木の濃緑の上に浮き出ている第三の鳥居が見える。欄干に銅の飾りを付けた橋を渡って、聖殿そのものに近づいていく。第三の鳥居には、黒地に金文字の題銘で、その頂上を飾っており、並み木の左側には、墓石のように、よく磨かれた大きな花崗岩が品良く配置されている。われわれの前の社殿は、それを取り囲んでいる松や杉の緑に隠されて、わずかに隙間から階段の神秘な影が見えているが、その階段の上で、神壇の前にやって来た参詣人たちが跪《ひざまず》いて礼拝している。

社殿に誰もいない時には、参詣人たちは、長い絹の紐《ひも》を動かして、扉に下げられている大きな鈴を鳴らして、当直の坊主を呼ぶことができる。坊主は、すぐさま出て来て、参詣人の求めに応じて指示を与えたり、蠟燭《ろうそく》や護身符を分配したり、読経の相談をしたりして、最後に勤行《ごんぎょう》のお務めをあるいはそのまま簡単にやるか、あるいは音楽をつけてやるのであるが、これらすべてのことに、それぞれ一定した料金を取っていることはいうまでもない。

社殿に入って行く前に、日本人はそれぞれ顔や手を洗わねばならない。このため、社殿の右手に、清浄のための聖水の貯蔵槽と絹布の手拭いを用意してあるお堂がある。それと並んで、別のお堂が二つあり、ひとつは、鐘またはその代用としての太鼓があり、もう一つの方は、信者の寄付を受け付けている。

勤行中の僧侶たち

ベンタンの社殿にいる坊主たちは、見たところ、あまり裕福な暮らしではなさそうである。彼らの衣服は、大部分、不潔でだらしがなく、顔の表情は愚昧《ぐまい》と不満の影を持っており、外国人の訪問者に対する強い反感を示していて、ことさら彼らを避けて、近づかないように努めていた。

私は、彼らが勤行している実況を、ただ一度だけ、神社の年次祭の行事で見ることができた。普通の日には、彼らは、人々が彼らのところに相談に来ることで満足しているようだった。私は、彼のところに訪ねて行く人をあまり見受けなかったし、それも、農夫や漁師の妻か、通りがかりの参拝者ぐらいだった。しかし、私は、日の出の時、そして時には真夜中でさえ、境内に響き渡るタンブリン（手太鼓）の音を一度ならず聞いたことがあった。

坊主たちは、この単調な音を出す楽器をいつまでもたたき続けた。初め四

料亭での食事（鯛と酒）

度高くたたき、その後で四度低くたたくことを同じテンポで繰り返し、悪魔を退散させるに必要な時まで、何時間でもたたき続けるのである。夜の深い静寂の中で、高い松の枝のざわめきや鈍い波の音と一緒になって、悪夢にうなされているようなこの虚《うつ》ろな韻律の響きが与える印象は、何ものも比較することができない。このような風習に表現されている宗教は、不合理な恐怖を呼び起こす悪夢のようなものであると、言い切ることができる。邪教は、すべて自然の法則にかなった宗教ではなく、逆に人間の本質に対する敵であり、人間性を歪曲《わいきょく》する宗教である。それ故に、そうした宗教の表現は、外部の観察者に何ともいえぬ漠然とした不安と本能的な嫌悪の感を与える。このような感情は、邪教の特別な性格を表示するのに、教育によって授けられた先入観のあらゆる影響よりも、より多く役に立つように思われる。

日本の神社仏閣のきまった付属物に、茶屋と料亭がある。そこでは、茶と、米で造ったアルコール飲料のサケ（酒）が一番多く飲まれ、果物や、魚や、米や麦で作った饅頭《まんじゅう》を食べ、小さな金属製の煙管《きせる》でこまかく刻んだ煙草を吸っているが、麻酔性の合成物は取らず、阿片に対する執着は日本では見られない。こうした場所では、女たちが給仕をしているが、大部分は申し分のない、慎ましさが目立っている。もっとも、こうした場所は、大部分、悪評が高く、特にベンタン通り付近ではそれがひどい。われわれが経験したこのような状況は、海の女神と結びついた小さな島が多数の参詣人を自分のところに引きつけた時期のことであって、現在では、女神の祭壇は、横浜が現代的統治システムを必要とするため、もっと正確にいえば、軍事的要素を多分に持つに至ったため、近くに多数の兵舎があるにかかわらず、すっかりさびれて閑散としている。

われわれが、ヤクニン（役人）と呼んでいる人たちの住宅地区には、政府の官吏、税関の勤務員、港及び公開地区の警察勤務者、日本人街の警備員たちが住んでいた。ヤクニンたちは、漆《うるし》を塗った厚紙でつくられている先の尖《とが》った丸い帽子と、二本の刀を左の腰に差しているほか、かれらの任務を示す記章は何もつけていない。この二本の刀のうち、一本は長刀で、柄《つか》も長く、両手を使わないと抜くことができないほどのものであり、もう一つは短刀で、一対一の戦闘に使用するものである。以上がこれら役人たちの服装における軍人らしく見えるすべてである。これらの役人は数百名いたが、大部分は妻帯者で、この点、彼らは平等な立場に立っているようである。

多数の役人たちのため、独特な宿営所《ラーゲル》を組織し、その中に、特に厳重な規律を導入するため、タイクンの政府が用いている方法を研究するのも、興味のないことではない。いくつかの木造建築物が四角な形をした一つの全体に結合されていて、街路の外側から見ると、一定の間隔で、中庭に入って行ける低い扉がついている塀が続いているだけである。中庭に入ると、そこには、水を貯えてある小さな庭と炊事場その他があり、中庭の奥に、地続きになっている部屋へ入る入り口があり、部屋の内部は、衝《つい》立《たて》で二つまたは三つに仕切られるようになっている。これが役人の共同生活の建物のすべてである。

住宅街を形成している長方形の建物は、それぞれ前に述べたような室を平均十二持っており、六室ずつ両側に分かれている。各住宅は灰色の瓦で葺《ふ》かれていて、どの屋根も他の屋根より高くなっているものは一つもない。正確さと一様さにおいて、役人住宅区は優秀な建築技術を示しているといえるだろう。この住宅街は、昼間は全く人気がない。なぜならば、男子は大部分の時間を税関や番所で過ごしており、家族は誰も、主人が帰るまで、室から外に出ないからである。頭をかがめて入るようになっている入り口の扉さえ、普通、閉め切ってあった。こうしたことをするのは、トルコやその他の土地で行なわれているように、結婚している婦人の貞節をめぐる嫉妬心と警戒心の混合したものではなく、日本では、むしろ家族制度に対する社会的見解から発生しているものである。女は、夫を自分の頭《かしら》であり、主人として見ている。彼女は、彼の保護の下、安心し切って家事にいそしんでおり、外国人に見られていても、それに注意しようとさえしなかった。夫の不在中、彼女が慎ましい行動をしているのは、彼女の本性が遠慮深いためではなく、彼女の従属的な地位と夫婦生活による恐怖のためである。

われわれの居留地と役人の住宅街との間に、少しずつ、徐々に善隣関係が醸成されていった。どこでもそうだが、日本においても、小さな贈り物が親善を強化している。われわれは、病人のある家庭や子供の生まれた家庭に、何度となく、白砂糖やジャワのコーヒーを贈ったが、これらの贈り物は感謝をもって受け取られた。

いつか、私が午後の四時から五時ごろ家に残っている時、門番が、私に役人街の婦人代表たちが訪ねて来ていることを告げ、断わったものだろうか？と質問した。これらの夫人たちは、夫の許しを得て、われわれに敬意を表しに来たもので、そのついでに、ヨーロッパ人の家庭を見たいとの希望を表明していた。私は、われわれの住居に客を入れる責任をとることを答えた。

まもなく、庭の並み木道の砂に草履《ぞうり》の音がして、それがヴェランダに通ずる階段に移り、微笑している一団が現われた。

その中に、結婚している女が四名、年頃の娘が二人、それに子供たちがいた。結婚している女たちは、化粧が非常に厳格で、髪には何の飾りもつけず、着物は、派手なものを避けて、地味な材料を選び、顔には紅を用いた形跡は全然なかったが、歯は黒く染めていた。これが、日本では、結婚した婦人によく似合うものとされているのである。反対に、若い娘たちは、唇に口紅を濃く塗って、歯の白さを目立たせている。頬に紅をさし、濃い黒髪に明るい緋色《ひいろ》の縮緬《ちりめん》の切れを巻きつけ、それに劣らず明るい色の幅の広い帯をしている。子供の服装は、雑色の着物と、同じような帯をしめていて、髪は結《ゆ》わずに垂らしているのもあれば、一つにまとめて束《たば》ねているものもあり、年格好によって違っていた。

普通の挨拶とお辞儀をした後、婦人の弁士たち（いつも、二名か三名の女たちが一緒になってしゃべった）は、日本語で、盛んにお世辞を述べた。私は、フランス語でそれに答えてから、この尊敬すべき一団を広間にはいるように招待した。すでに馴染《なじ》みになっている感謝の言葉を聞いて、私の言っていることを理解したことは疑いなかったが、彼女たちは階段を上《のぼ》ろうとせず、私に何か尋ね出した。何を尋ねているのかわからないので、私が困っていると、訪問客は手真似と言葉を混ぜながら、庭園やヴェランダの広間では、履物を脱いだ方がよいのではないか？という意味のことを示した。そこで私は、後者すなわち広間では、履物を脱ぐことに決めた。すると、招待された人たちは、一斉に階段を上り、ヴェランダの床に、履物を揃えて脱ぎ、子供たちは裸足で、大人たちは、先が二つに分かれていて、狭い方に親指を入れ、広い方にその他の指を入れている木綿製の靴下（足袋のこと）で、広間の絨毯《じゅうたん》を踏んだ。

かれらの最初の印象は素朴な驚きであったが、その後で、寄木細工の床まで届いている大きな姿見の鏡を見た時、一同が笑い出した。訪問客の姿が、頭から足まで、前からも後ろからも映されていたからであった。

第六章　国と国民

鳥類――沿岸住民の親切――日本の春――稲田――山の住人――交通路と渡し場

私を取り囲み、私の住居の魅力となっているもののうち、一番私の心を捉えたのは、鳥類である。海は岸辺に多数の魚類を打ち上げる。これらの魚は波に打たれて、あるものは気が遠くなっており、あるものは死んでいた。かれらは、大きさにおいて、鳴き声において、羽の色において、それぞれ違っている無数の鳥類の毎日の餌となっている。干潮時のすべてを、かれらは、四方から飛んで来て、熱心に、自分自身のため、また巣に残している家族のため、餌を漁るのである。潮が満ちてくると、かれらは止むなく仕事を止めて、それぞれ自分の避難所であるわれわれの家の屋根や、庭園の杉の木や、役人の居住地の松や、ベンタンの神域の茂みや、横浜近郊の丘や沼地に、飛び去って行く。かれらの中に、私はコスモポリタンの雀《すずめ》を見出す。雀は、蠅《はえ》、仔虫、昆虫を漁りながら、舟に積み込む叺《かます》からこぼれた穀物を拾い取っている。屋根裏に鳩の一団が住んでいるが、どこから来たのか、どこにいたのか、皆目不明である。大烏《がらす》は、支那と日本に特有な特別の種類に属するようで、大きさは中型だが、鳴き声がヨーロッパの鳥と異なっていて、カワーカワ、カワーカワと鳴いている。小鳥は反対に、人間の声に似た訴えるような音を出す。鷲《わし》と大鷹の笛のような声は、波の音や風の音と一緒になると、効果的である。ベンタンの羽のある客人たちは極めて大胆で、大鷹はマストの先端に停まったり、海魚倉庫の隠し場所にでもなっていそうな建物の屋根に停まったりしている。鳩と烏は、庭園の並み木に集まってくるが、私が近づいても、飛び出さないで、私が通り過ぎるまで、少し横に避けるだけである。

われわれが遠くからしか見ない鳥のうち、まず第一に挙げるべきは、鷗《チアイカ》と鷗《ルイボローフ》の群れであって、かれらは、船のあたりを飛び交わしている。さらに、彼方、われわれと神奈川村とを隔てている静かな入り江のあたり、私の窓の向かいで、雁《がん》や鴨が葦の中で餌を漁っている。日没と共に、かれらは、そこから飛び立って遠くの宿泊地に向かい、空中に幾何学的な形を描いて飛びながら、時々、司令官が部下の兵卒に命令しているような、ふた声、み声、長く引っ張る声を出す。

単独行動をする鳥の中で最も美しいのは、鷺《さぎ》である。透き通る水を熱心にみつめながら、辛棒強く餌を待ち、片方の脚を羽根の下に畳んで、一本足で立っている。その羽の目を射るような白さが、葦や羊草の暗色の背景の中に浮き出している。時々、松の枝の木陰や垂れ下がった柳の下に見かけることもあるが、いつも本能的に、その憂《ゆう》鬱《うつ》な性格に適合したところの、自然を求めている。

それに劣らず感嘆させる印象を与えるものは、鶴である。この美しい鳥が空の彼方に一つの点のように現われ、やがて絢爛《けんらん》な姿で地上に降り立つ時、空からの使いが来たかのように思われる。このためにこそ、民族的な空想が、この鳥を神または半神と結びつけて、日本の伝説を作っている。日本語でツルというこの鳥の名前に、神性を表わすサマという敬称を付け加えて、オツルサマとも呼んでいる。鶴は、亀とともに、日本人にとっては、長寿と幸福のシンボルになっている。そして、かれらの意見によれば、幸福とは、心の平安と明るい理性を持つことである。

入り江の岸辺に住んでいる日本人の大部分は、いま述べたばかりの心の平安と明るい理性を持っている。

漁師たちが、ボロボロの小舟に乗って、気まぐれな波に、そこらに浮遊する何千というくらげのように翻弄されながら、まる一日、沖で働いているとき、岸辺には、干潮と同時に、女や子供たちの群れが集まって来て、波の後を追いながら、波が岸に残していったもののすべてを、手当たり次第に、葦で造った籠《かご》の中に放り込んでいくのであった。そこには、食用になる海草もあれば、牡蠣《かき》もあり、貝もある。蟹《かに》は、最も激しく追求される対象になっている。しかも、この生物は、驚くべき敏速さをもって、前でも、後でも、右でも、左でも、つまり、一言にしていえば、どの方向にでも動き得る特性を持っていた。彼らを最後の避難所である石の下に追い込むと、先に鉄の鉤《かぎ》がついている竹の棒で、石を引っくり返して捕らえるのであった。蟹の遍歴癖は、われわれの住宅の庭の階段やヴェランダの梯子《はしご》のあたりを歩き回り、ある時などは、このツーリストの一匹が私の室の中まであがり込んで来て、私は、かれを、自分の家すなわち海にそそいでいる庭の排水溝の方へ行かすため、随分苦労をした。

沿岸地帯に住んでいる善良な人たちは、私に親愛をこめた挨拶を交わし、子供たちは、私に真珠の貝を持って来るし、女たちは、籠の中にたくさん放り込んでいる奇妙な形をした小さな怪物をどのように料理すればよいかを、できるだけよく説明しようと一生懸命になっている。親切で、愛想のよいことは、日本の下層階級全体の特性である。私は、よく長崎や横浜の郊外を歩き回って、農村の人々に招かれ、その庭先に立ち寄って、庭に咲いている花を見せてもらったことがあった。そして、私がそこの花を気に入ったと見ると、彼らは、一番美しいところを切り取って束《たば》にし、私に勧めるのである。私がその代わりに金を出そうといくら努力しても、無駄であった。彼ら

堀ばたの貧しい職人の家

は金を受け取らなかったばかりか、私を家族のいる部屋に連れ込んで、お茶や米で作った饅頭《まんじゅう》（餅）をご馳走しないかぎり、私を放免しようとはしなかった。

春は、江戸湾沿岸の散歩にとって、最も快適の季節である。沿岸を取り巻いている高地の一つに登ると、富士山の尾根から拡がっている内陸が、ところどころ、河や遠くから見ると湖のように見える入り江で切断されている、よく耕した盆地とこんもり茂った一連の丘陵を展示している。河や入り江の岸辺の茂みの中に、部落や庭に囲まれた農家が見え、日陰の多い涼しそうな細道が、そちらの方へ下りて行くように勧めている。

稲田における植物の早期の成育と丘陵の頂上にある多数の常緑樹が、同じ緯度にありながら、一ヵ所として重複していない色調で、日本の春を告げている。これ以上、春の植物のより絢爛《けんらん》たる開花とより豊富な種目を求めることは、無意味である。風景画の背景となっている松、樅《もみ》、杉、月桂樹、樫《かし》、竹等の暗色の茂みの間に、菜園や、農家の周囲にある清新な若葉と明るい花々の花壇が描き出されている。こちらに野生の桑の広い葉っぱが見えていると思うと、あちらに、わが国の林檎《りんご》の木ほどに成長している椿《つばき》が見られ、さらにその向こうには、桜、杏《あんず》、桃の花が、あるいは真っ白に、あるいは真っ赤に、それぞれの色で咲き乱れている。日本人は、一般に果実を収穫することには極めて無関心であって、木の世話をしているのは、花の種類を豊富にしようとする目的のためである。

よく支柱として使われている竹は、その美しい葉で、果樹の蕾《つぼみ》や若葉に劣らない美しさを見せている。だが、私は、竹が巨大な葦のように、一つの集団となって生育している姿を見る方がより好きである。金色の影と重なり合った茂みを持つ高い緑色のすばらしい幹と、よく茂った頭を支える細い強靭な枝、いたるところに無数の長い葉をまとい、空中に立つ数千本の旗のように風に揺れ動いているさま、これ以上、美しい風景はあり得ない。竹薮《たけやぶ》は、日本の風景画のうち、最も好ましい秀作である。

細道は両側を菫《すみれ》で飾られていたが、この菫には香りがない。一般に、この国には香気のある植物が少ない。また、ここでは雲雀《ひばり》や鶯《うぐいす》のような歌う鳥が極めて少ない。日本の野原の豊富な動植物生活の中にあって、香気と歌声を欠いているということが、それが呼び起こす効果を減少させている。もう一つ、関心を冷却させている条件は、無闇矢鱈《むやみやたら》に掘り返され、耕されている自然である。政府が自慢にして面倒をみている植林地帯は別として、その他の土地はすべて農業に利用されている。この点について、江戸湾近郊の盆地のことを書いた自分としては、より正確な理解を与えることはできない。

われわれのところでは、やっと四月だというのに、小麦畑に囲まれた林の裾《すそ》あたりでは花盛りである。少し下手の大麦と裸麦は、十一月に種が蒔《ま》かれたものだが、すでに成熟し始めていて、あと四週間もすれば、刈り取られることになる。ライ麦は、ヨーロッパにおける馬鈴薯と同じように、正しく並んだ畦《あぜ》の上に植えつけられ、その間に大豆を植え、麦の刈り取りまでに収穫している。黍《きび》は、土地の人々に、食用として、小麦以上に広く利用されている。粉にして団子にしたり、雑炊に入れたりしている。

盆地の大部分は稲田になっている。これらの土地は、一ヵ月ほど前に、灌漑《かんがい》用の運河の門を開いて水を入れている。こうして、農夫たちは、肱《ひじ》まで泥濘《でいねい》につかりながら、まだ固まっている土の塊を鍬《くわ》で潰《つぶ》していく。土壌が濃厚な流動体になった時、四角な苗床を作って、そこに種を蒔く。平らにして、種を埋めるために、苗床の上を馬鍬《まぐわ》でならしていく。今度は、水が引き入れられ、苗床に稲の芽が一面に表われてくる。この若芽を、根ごと引き抜いて移植することになり、お互いに同じような間隔を取りながら植えていくのであった。稲はここで成育し、成熟して、十月頃から刈り取りが始まる。この期間、稲にとって最も危険な敵は、白褐色の羽をした蛾《が》である。また雀や鳥なども、成熟した稲にとっては大敵である。農地の主人たちは、すっかり閉口して、威《おど》しのきく地点に、ありとあらゆる怪物を立てることを考え出し、風車の翼のような格好をした竹の逆茂木《さかもぎ》を立てたり、藁《わら》を束ねて作った十字架に、麦藁帽をかぶせたり、弓を引きしぼって、今にも矢を放そうとしている人間を形取った案山子《かがし》を立てたりした。しかし、これらのすべては、どうも、鳥に対してあまり利き目がなかったとみえ、より現実的な手段をとることが必要になった。棒を打ち込み、それに網を取り付け、稲田の表面に張り、もうひとつ移動できる網を準備して、網打ちにする方法である。この防禦法はもちろん効果的であるが、移動する網を常に持っておらねばならない。この役を、大抵の場合、男の子が務めるわけだが、稲田の縁が低くて、男の子に見透しが利かない場合には、四本の竹で造り、屋根を藁で葺《ふ》いた見張り小屋が造られた。

日本にはいくつかの種類の稲がある。この盆地で栽培されている稲は、水の中に長くとどまっていることのできない品種である。ところで、私は、春の灌水《かんすい》がはなはだ複雑で容易でないことを見た。ここでは、それぞれ近くにある丘陵や高地に貯水所を作り、そこから稲を植えるすべての農地に、運河によって水を配給しているのである。

日本では、作物交代制が記憶に残っていない時代から行なわれてきている。米を取った田地は、次には、小麦または黍の栽培に用いられている。日本はまだ、あちらこちらの高地を開拓して新しい農地にすることができるが、決して休閑地としては残しておかない。

茶畑は、この地方では農業の対象になっていない。この地方の条件も茶畑に適さないわけではないが、現在のところ、茶の栽培地域は、江戸湾から北方、数日の行程にある地方で行なわれている。

われわれは、絹の生産地域から非常に近いところにいて、すぐ近所に、桑畑を見ることができる。この部門の産業は、ここではあまり発達していない。われわれを取り囲んでいるこの辺りの人々は、内陸の人々に比して、絹、茶、棉《わた》といったような工業的加工を必要とする作物の生産に劣っている。というのは、このような加工業がこの沿岸では発達していないからである。この地方の働く人々は、漁業や海運に従事するか、本来の農業、すなわち、穀物、飼料及び油を採る作物の栽培、果樹、麻、竹の加工に従事している。

温和で明るい農民の間に、江戸湾に接する豊饒《ほうじょう》な平野の中で、しばしば、善良ではあるが、一種の独立的な性格と生活様式を持っている、より勇敢な特性を持った人々に出会うことがある。これは、山の住人たち、すなわち、富士山の麓《ふもと》にあるアコニ（箱根）の山系に住んでいる人々である。彼らは、この沿岸に、いろいろな用事で降りて来る。ある者は、帆柱や建築材を手に入れて筏《いかだ》で搬送するために、ある者は、木炭を売却するために、また、ある者は、馬や筏で内陸から沿岸の港に貨物を転送するために、山を降りてきたのであった。最後に、かれらの中間に、顔役の猟師やヨーロッパの銃器で武装したタイクンの常備隊の一部が集まっていた。残念ながら、これら遍歴者の故郷は、外国の旅行者にとって、出入り不可能のところであった。土地の人々の話を信ずるならば、かれらの故郷には、カリフォルニヤの鉱山地帯のように、橋や水道や堤防の大建設の遺跡が残っているそうで、いつになったら、これらの両者を比較し得る時代が来るであろうかと思うのであった。

事実、この土地では、われわれの気候条件では見ることのできない、生産原料の資材が手に入った。例えば、竹であるが、この竹は針金の代用になり、しかも、近代工業の優秀製品にも劣らないのである。懸け橋を造る場合にも、針金の代わりに用いられている。九州の山奥には、岩壁から岩壁まで、深い渓谷にかかっている太く削った竹で造った橋がある。

竹籠での綱渡り

日本人は、沼沢地に葦を束《たば》ねて入れ、その上に板を並べて道を造っており、また、広い河の渡渉には、縄で巻いた樽を並べて、その上に橋をかけており、険阻な断崖《だんがい》を綱橋にぶら下げた竹籠に乗って、空中汽船のように渡って行くのである。

日本の政府は、ただ一つの交通路――大軍用道路の東海道だけを管理しているため、地方の住民は、自らの力に頼るほかなく、できるだけ費用をかけずに、必要な道路を開いて管理したいと考えるようになった。こうした事情から、日本人によって利用されている各種の交通路及び交通手段が現われている。

最も珍しい渡渉手段の一つは、田植えの時期に、水びたしになった野原を渡る場合、婦人たちによって利用されている方法である。四つの桶を十字に組んだ丸太につけ、この上に載せることができる範囲の人間と食糧を積んでから、乗員の中の二人が鉤竿《かぎざお》で突き戻しながら進んで行く方法である。極めて素朴な手段と、最も原始的な器具と、最も原則的な方法とで、利便をもたらしているこの実際的な能力が、日本人の芸術や手芸にも、同じように表われている。

日本の生活の最も重要な部門がわれわれの注意から逸《そ》れている。われわれは、その一部をわずかに農民の野良仕事の中に見ているに過ぎない。しかし、造船所、仕事場、工場、独創的な自主的な民衆文化の成果のすべてが、疑い深い政府の警察的習性のため、ヨーロッパ人の視察に触れないよう、極力秘《ひ》匿《とく》されている。しかしながら、いつかは、この点において、日本は科学的研究の前に譲歩しなくてはならない時に当面するだろう。

第七章　日本人の家庭生活

日本社会の階級性——日本の男子及び女子のタイプ——衣服——履物——住居——日本の学校——家庭生活

農村から、日本人街を通って、ベンタン（オランダ人居留地）に行くことができる。河に沿って、杭《くい》で支えられた大通りが通っていて、それが低い街並みや横浜の沼沢地より高くなっている。市街のこの部分には、貧困な労働階級が住んでいて、軍の番所と税関のところで終わっている。河にかけられている美しい木橋が、高い杭の立っている左岸で大通りに接合しており、杭の間を帆を下ろした舟が自由に通っていた。この大通りは、北東に行くと、神奈川街道に出、南西に行くと、ミシシッピ入り江に出る村道に続いている。どちらに出ても、あたりは畠に覆われ、小さな農家が点在していた。道路に近い独立した住家はもとより、集落をなしている家々ですら、その大部分は、風通しをよくしており、ほとんど開けっ放しになっていた。そのため、通行者の視線は、家の中を自由に眺めることができた。こういう条件の下では、住居の内部施設を知り、家庭生活の民族的タイプや風習を観察することは困難でない。日本の社会の階級的分類は、血統の差異や生活様式の差異を基礎にしたものではない。

神奈川奉行の居館のある高い丘から、私は、丘の下に散在している役人や事務員や地主の家と、かれらの家庭生活の状況を観察する機会を何度も持った。塀に囲まれて分離されている武士の家族たちの住んでいる中庭で私の見た彼等の風習や生活様式は、下層階級の間で見たのと同じものであった。その後、政府の高級官吏を訪問して、私は、日本の中央、すなわちニッポン、九州、四国の大島に住む人々の圧倒的多数のタイプと風習の全般的特徴となるべきものに、一層の確信を持つに至った。

日本人は、一般に中背で、ゲルマン種族よりはるかに低いが、イスパニヤ人及び南フランスの住民と若干似たところがある。男子と女子の身長の差は、ヨーロッパにおけるよりも、日本において、比較にならぬほどその差が大きい。長崎におけるオランダ代表部の医師だったドクター・マニケの観察によると、ここでの平均身長は五フィート一ないし二インチなのに、女は四フィート一ないし三インチである。日本人は均整がとれてないとはいえないが、頭部がやや大きく肩が低く、胴長で腰の肉付きがよく、膝は短く痩《や》せており、足は小さく手が細く、ときどき目立って美しいのがいる。

日本の上流家庭

額が後ろに迫って、頬骨《ほおぼね》が広くて前に出ている者は、その顔を直視すると、卵形よりもむしろ梯形であるが、一般の顔の特徴は、眼窩《がんか》が深くなく、鼻の軟骨部が少しばかり平たくなっており、眼は、ヨーロッパ人よりはるかに顔の表面に近い。しかし、なぜか知らぬが、全般的なタイプは、支那人とも蒙古人とも少し違ったところがあり、日本人の頭の方がより大きく、顔はやや長めで整っており、鼻もより高くて美しく、中には鷲鼻《わしばな》をしているものさえ少なくない。近似しているものを探すとすれば、私の意見では、ツンド島の住民によく似ている。ドクター・マニケは、日本人の頭はトゥーラン種族に属していると主張している。

日本人は、例外なく、滑らかで、濃い色の美しい髪を持っている。女の髪は、ヨーロッパやマライよりも短い。上記の諸国の男子と日本の男子との間の相似性は、日本の男子とフィリピン及びカロリン群島の原住民との間の相似性よりも、はるかに大きい。日本人の顎鬚《あごひげ》は相当濃いが、かれらは二日置きにそれを剃《そ》っている。皮膚の色は、社会階級の相違によって変化があり、赤銅色やジャワ島住民の浅黒い色に始まって、蒼白《あおじろ》いのや南欧の人々のように陽焼けしたのもある。しかし、大部分は黒味がかったオリーブ色をしていて、いかなる場合にも、支那人の黄色とは異なっている。ヨーロッパ人と対照的なのは、日本人の顔と手が体よりもはるかに白いということである。幼児や青年の顔の色はバラ色をしており、首は紅色で、一言にしていえば、若さと健康の印《しるし》であり、われわれは、自分の周囲にそれを見るのを楽しみにしている。女の顔の色は男よりも白い。上流社会やまた中間層にも、真っ白な女がたくさんいる。

貴族階級の婦人たちは、蒼白い色が極めて上品だと考えている。とはいうものの、すべての日本人は、どうしても拭《ぬぐ》いがたい二つの相違点がある。すなわち、眼が切れ上がっていることと、年配の者ばかりでなく、よい体をしている娘でさえ、乳房が醜く垂れ下がっていることである。

男も女も、目は黒く、歯は白くて丈夫で歯並びもよいが、少し出っ歯である。風習

家庭での勤行

によって、結婚した女は、歯を黒く染めている。ジャワやマライ人は、多かれ少なかれ、黒い歯をしているが、これと比較するのは当たらない。かれらは、染料で染めたわけではなく、ベーテリを嚙《か》んでいるためである。

日本人の間に認められる表情の活発さと相貌の多様性は、私の意見では、あらゆる他のアジヤ民族よりも、より自主的であり、より独創的であり、より自由である知的発育の結果である。

日本人の民族的な衣服は、「キモノ」と名づけられている。これは、袖《そで》を開いた寝室着の一種で、女のキモノは、男のより、長くてゆとりがとってある。いずれも腰のところで帯で結んでいるが、男の帯は、狭い絹地の襟巻きに似ており、女の帯は、幅が広くて、背中のところで奇妙極まる結び方をしている。

日本人は、シャツとズボン下を着ないが、毎日、入浴している。女は、赤い絹地の襦袢《じゅばん》を着ている。夏の間、百姓や漁師や労働者はほとんど真っ裸で歩いている。そして、こうした階級の女は、スカートだけを残している。雨天の日には、藁《わら》の外套《がいとう》かまたは油紙をまとい、ジャワで作っているような竹の皮で作った帽子をかぶっている。冬になると、一般人は、着物の下に（上の間違いか）羽織と袴《はかま》をつけ、女は、上に一着ないし数着の綿の袖なし外套を着る。中間層の人は、外出には、必ず羽織と袴をつけている。普通、かれらの間の衣服の差は材料だけで、上流階級だけが絹物を着る権利を持っている。

しかし、彼等が着飾るのは、公式の場所に出る時とか、儀式に参列する場合に限られている。政府の官吏「ヤクニン」は、勤務に際して、着物の代わりに、腰まで届く袖の広い上着と広い袴を着用する。

履物は、すべての人が同じで、足袋か草履か下駄である。一般民衆は、一年の大部分を草履で歩いている。家に帰った時とか、誰かのところに入って行った時には、みんな自分の草履や下駄を脱《ぬ》いで、玄関のところに置いている。

日本人の住宅の床は、常時、畳で覆われている。畳の大きさは、常に一定しているので(畳は尺度の基準にさえなっている)、室に置くのに容易である。畳は、普通、六フィート三インチの長さと三フィート二インチの幅を持ち、厚さは約四インチあり、稲の藁で作り、非常に細かく編んである。これらの畳は、屋内の仕切りの役をしている床に作った敷居と、取りはずしのできる戸障子で、ぎっしり固着されている。日本人は、自分の住居をいくつかの大小の室に分けているが、そのいずれも、畳がきっちりはまるように、一定した広さを持っている。

かれらは、室の配置を変更することは容易にできたが、畳の大きさに適応するという基本的法則から遠ざかることは、絶対にしないのである。

畳は、また、いろいろな家具の代用にもなっている。それは藁布団の役を務め、その上で、日本人は、綿を入れた広い夜具にくるまって眠っているし、テーブル掛けになって、その上にいろいろな漆器や陶器を並べているし、食事の時は食卓の役を演じ、絨毯《じゅうたん》となって、子供たちがその上を裸足で歩き、安楽椅子やソファーとなって、その上に主人と客とが膝を折って坐り、何の付加物もない純粋の茶の浸液を飲んだり、小さな煙管《きせる》に煙草をつめながら、果てしない雑談に耽るのである。

日本の飲食店には、ジャワで、「バリバリ」と名づけられているものを見かけることがある。それは、移動し得る床(床几《しょうぎ》のこと)、または、地上一フィートほどの高さの畳を敷いた大きな机で、その上に、客が坐って、食ったり、飲んだり、休息したり、隣の人と話したりしている。日本人の家は、農村のすべての仕事を終えて、逃避する休息所、避難所としては、バリバリを改良したもの以上ではない。ここは、その日その日の暮らしをし、昨日のことは忘れ、明日のことは考えない人々を対象にして存在しているのではない。

私は、半ダースほどの男の子が、師匠の周囲に坐って、授業を受けているのを見たことがある。彼らは、文字の意味を知ろうとして、何度もそれを口に出して唱えていた。

母音と子音には分類していないが、日本語の音声を四つの節に分けているアルファベットの一種「イロハ」を繰り返しているとのことであった。その数は、四十八であるが、それを文法的に配列せずに、小さな詩の形にしているのである。私は、それを逐字的に紹介するが、その際、日本語では、子音の発音で、エフの字の発音をしばしばフランス語のエッチ(h)の発音にしており、フランス語の二重子音wをいつも英語のwの発音にし、デ(d)とテ(t)、ゲ(g)とカ(k)、ならびにヅェ(dze)とツェ(tze)をいつも混同していることを、あらかじめ指摘しておかねばならない。

日本の学校（寺子屋）

それはそれとして、日本のアルファベットは、次のように聞こえた。

「イウォラ　ニウォウエド　ツィリヌル　ウオ　ウァガヨ　ダレツォ　ツゥネ　ナラムウイイ　ノ　オクヤマ　キョフゥ　コエテアサキ　イュメミシエヴィモ　セズ　ウン」

この東半球の端において、われわれと全く同じ不死の創造物である人類の幾百万という少年たちが、毎日繰り返している詩に私は興味を感じた。そして、そこには、次のような意味があることを知り、驚かされた。

「色も香《にお》いも、消えて行く。われわれの世界において、何か永久的なものがあり得るだろうか？　今日の日は、虚無の深淵の中に消滅していき、そのはかなさは、夢のようである。それは、微細な不安すら残さなかった」

正直なところをいうと、この民族的なアルファベットは、最も浩翰《こうかん》な書物よりも、より多くの日本人の基礎的性格に関する真実を私に語った。長い世紀にわたって、舞台から去って行く世代が、新しく登場する世代に対し、「この世界には、永久的なものは何もなく、現実は夢のように過ぎて行き、そして、その消滅は何の不安も残さなかった」ということを繰り返して教えているのである。

孔子廟の孔子像

現世に対するこのような哲学は、現世が人間性の要求を満足させるものではないことを教え、こうした宗教観の表現がこの国に与えた恐るべき結果が、これを実証している。そして、この哲学観は、潜在力として不断の活動を続け、その影響が生活の瑣事《さじ》の中に無数にあらわれていることは、想像に難くない。例えば、家族が誰でも使える応接間のような共同の場を造るといった家庭生活の便宜を妨害しているの

艾をすえる鍼医

も、そのためではなかろうか？　日本人の住居は、現在の瞬間に適応されているが、しかし、過ぎ去った瞬間の痕跡をとどめない。すべてが、外部の世界の現象との即座の妥協に終始している。したがって、夜となるやいなや、戸障子が閉められてしまって寝室に変化し、油紙を張った木製の籠の中で、灯油に火がともされ、その明かりが、天体の静かな光のように、暗闇の中に閃《ひらめ》くかと思うと、朝になると、その反対に、寝室にあるすべての物が取り払われて、一定の場所にしまわれてしまい、四方の戸障子が開け放たれ、室の隅から隅まで掃《は》き出され、朝の空気が流れ込み、太陽の光線が野外と同じく、広い幅をなして、畳の上に落ちる

婚礼の式

のである。最後に、昼下がりの猛暑の時には、密閉されたようにふさがれてしまい、すべての空間や隙間が衝立や幕で閉ざされ、地下の洞窟《どうくつ》にでも入ったように、暗くなってしまうのであった。このような生活様式は、人生を感覚的な現象の側からのみ見ている結果である。このため、彼らは、瞬間的な印象のもとに生活し、人生の苦楽や困窮に会っても、なんらの不平を持たず、死ですらも宿命的な性格が与えられて、平凡な日常の些事《さじ》として見られようとしているのである。

日本人は、ただ一人の妻を持っている。その妻は、非常に若くして家庭生活にはいるので、すべての点で、苦しい立場になりがちだった。彼女は、ほとんど間を置くことなく、人形から子供に移って行き、彼女自身が、さらに長い間、子供のような性格を持ち続けるのである。他面、民族的な風習が、彼女をして赤ん坊を甘やかして教育しないように要求するので、赤ん坊を毎日外気にさらし、丸坊主の裸にして午後の太陽に当て、四季の影響に対抗できるように鍛練せねばならなかった。倦《う》むことなく、できるだけ遠くまで赤ん坊を連れ出すために、母親は、赤ん坊を背中に乗せ、着物と半纏《はんてん》の間に入れて、紐《ひも》で縛りつけるのである。野良仕事をしている女の肩のあたりに、小さな頭が揺れている風景をしばしば見ることができた。子供をひとりぽっちにして、家に残して置いても、何の心配もなかった。畳の上では、好きなことをやらせておけた。四つん這《ば》いにはったり、自分の足で立ち上がろうとしたりしても、怪我をするような家具は何ひとつないし、壊れるようなものもなかった。家庭における子供の遊び友だちは、短い足を持ち、脂肪で肥った体をしている小さな尨犬《むくいぬ》と、白っぽい毛に、黄色や黒の斑点のある特種な猫で、こ

金魚と金魚鉢

の猫は、鼠取りの方は不得手で、極めて怠け者で、人に甘えることだけは達者であった。これらの動物は、ジャワのと同じように、尻尾を持たなかった、というよりは、わずかに尻尾の切れっ端を持っているといった方がよいかも知れない。

少し余裕のある家庭は、きまったように、金魚鉢を持っていて、そこには、赤色、金色、銀色、透明の魚がいて、球のように丸いのもあれば、広くて長い尾をしたのや掌状をした浮遊物もいた。

第八章　ミカドの邸宅

兵庫と大坂――京都――僧職――寺院――京都の住民と生活――芝居と娯楽――宗教儀式――祭り

和泉灘《いずみなだ》に面するニッポン島の岸、淡路島の北東に、広くて安全な湾のお蔭で、千年にわたり、日本帝国の海洋貿易の中心となってきた兵庫の市街が横たわっている。この地に、下関の商船が、支那や琉球や長崎やさらに朝鮮や蝦夷《えぞ》から、日本の内陸及び東部日本の需要に応ずるため、運んで来た商品を街のおびただしい倉庫や商店に搬入している。そしてまた、ここから、別の数千の商船が、ニッポン南部の農産物、工業製品及び美術品を転送するために出発している。近い将来に、イギリスとフランスに大きな商業的利益をもたらす兵庫と支那を結ぶ汽船航路と、兵庫と江戸、横浜及びハワイ、カリフォルニヤを結ぶ汽船航路が、できるようになるであろう。現在のところ、一八六八年までには、まだこの港は西方の諸民族には閉塞されたままである。土地の商業は、近海交易に限定されていて、農村的な沿岸港としての姿をまだとどめている。

るのである。

この帝国の規則は、商業帆船に対する規定を行ない、外海への航行を禁止さえしている。

兵庫が引き受けている近海交易のほとんどすべては、大坂の船主の手に握られている。この古い大都市は、兵庫から歩いて八時間の近距離にある。

海に出る前にいくつかの支流に分かれている、川の河口にある大坂の地形は、市街内における運河網による航行を容易にしているため、大坂は日本のヴェニスと呼ばれている。特権階級の大邸宅は、本流の河岸にあって、爾余《じょ》の市街は、商人階級の家や商店から成り立っている。ここでは、半ば破壊されて空き家になっている古いお寺に、時たま出会うことがある。東部地区の端にあるそうしたお寺のひとつが、タイクンの政府により、外国の公使館の使用に提供されている。周辺一マイルを占める城塞は、市の北西部を領有し、京都への国道を固めている。大坂市には七十万人をくだらない住民がいるといわれている。

大坂は長い間(七四四年〜一一八五年まで)、ミカドの皇居であった。帝国が主として、自国の商業の発展と繁栄のために必要とした、精力的で、よく働き、企業心に富む民衆の中に住むことが、ミカドにとって、便宜であったことはいうまでもない。だが、ミカド自身が、ヴェニスの総督のように、軍艦に乗り込んで、海軍を指揮した英

ミカドの謁見

雄的時代は、すでに過去になってしまった。彼は、もう自分の将兵を見ようとせず、高い丘の上に立って、演習を統裁しようともせず、鉄骨の扇を動かしながら、畳椅子に坐るようになった。大坂で、ミカドは、富と権力と安全の頂点に到達し、都《と》塵《じん》を避けて、広い庭園の中に自分の宮殿を建てることができた。廷臣たちは、先を争って、太陽の子孫たる品位を保つ上にも、群集の視線に、みずからをさらけ出すべきでなく、国の統治や陸海軍の指揮等面倒な配慮は、彼を取り巻く貴族や寵臣《ちょうしん》に任すべきであると、しきりにミカドを説得した。内《だい》裏《り》の生活は、微細な点や、そして細かな動作まで、礼儀作法をやかましくいう儀式の規律で固められていて、廷臣以外、何人もその中に入り込むことはできなかった。皇帝の権力は、ごく稀にしか、民衆の上に、その光を投げることができなかった。自分の期待を裏切られ、寵臣の専制にうんざりした商人階級は、ついにその声を高めるようになり、彼らの不平が国王の耳にも届くようになった。国王は高官の衆議にかけることなく、民衆の嘆願を受けつける役所を設置した。すると、廷臣たちは、このようなことをすると、太陽の子孫である王朝が、みずから墓穴を掘るものであるとして、皇帝と共に、大坂の北方五十露里の内陸の小都市京都に、遠のくことを決定した。初め、京都を一時的な皇居の地としていたが、後に、ミヤコ、すなわち常置的な帝国の首都とするに至った。商業、工業、知的活動の中心である大坂から離れることによって、廷臣たちは、ふたつの利益をかち取ることができた。そのひとつは、皇帝と民衆との接触を断ち切り得たことであり、そのふたつは、勝手気儘《きまま》なことができる自分の趣味に合うような、新しい首都を創ったことであった。

京都は、南に開け、北東に緑の丘陵を擁《よう》した、豊饒《ほうじょう》な平野の中心にあった。その南部を、大津の湖から流れ出て、大坂の下手で内海にそそぐ淀川《よどがわ》によって、洗われていた。そして、淀川のふたつの支流が、ひとつは東から、ひとつは西から、首都の周辺

京都の馬追い（内裏にて）

を流れていた。

　このため、京都はほとんど流水の網で囲まれ、したがって稲田の灌漑《かんがい》にも役に立ったし、街の中に運河を造ったり、皇居の庭園に池を造ったりすることができた。

　付近の土地は、米、黍《きび》、小麦、茶、桑、棉《わた》、その他多くの果樹、野菜を栽培している。丘陵は、竹藪《たけやぶ》、月桂樹、樫《かし》、松、杉で飾られ、冷たい透き通るような清水が、至るところに湧いている。鷹《たか》、雉《きじ》、きつつき、雁《がん》、鴨《かも》、鳶《とび》、何千というあらゆる種類の鳥が、郊外をにぎわしている。京都は、気候の温和なことと、地震や暴風雨が比較的少ないところとして知られている。神武天皇の子孫にとって、祖先の手になる成果を、安心して楽しむことができ、煩瑣《はんさ》な現実を忘れることのできるこれ以

上の土地を、見出すことは、困難であったであろう。

日本の神々の子孫は、当然、できるだけ早く、民族的宗教の主とならなければならない。この宗教には僧侶はなかったので、ミカドは、信仰の各種儀式を遂行している神官の階級制を設置した。そこには、宗教的ないし愛国的祝祭の執行者、葬儀係、神社の番人、墓地の番人も含まれていた。神社の最高職のすべては、皇族及びその親近者によって、占められるようになった。同じように、内裏の要職のすべてにも階級制が採用された。このため、軍事や内政の長官たちは、尊僧的傾向の強くなった宮廷から次第に閉め出されるようになった。

帝国の首都は、一風変わった相貌を持つよ

京都におけるミカドの行列

宮廷の楽人

うになり、そこでは、陸海軍及び政府の機関とおぼしきものは、ほとんど見当たらず、これらのすべては、各種の職名を受けて、地方都市に分散している官吏によって実施されていた。その代わり、宗教の最高指導者であるミカドの承認した各宗派は、皇居のある地に自分の代表者を所在せしめることを、特別の名誉であると考えた。

神の崇拝、すなわち神道は、十七世紀の末、京都及びその周辺において、二千百二十七のミア（宮）を持っていたが、仏教は、寺院やお堂を含めて三千八百九十三に達していた。

この首都には、立派な記念物がたくさんある。

宮廷の役者と舞踊家

内裏の宮殿は、その使命からしても、その建築様式からしても、宗教的な神聖な建物に属していた。これらの宮殿は、市街の北東部を占める塀で囲まれている。遠くの屋根の背後にのぞいている高い木の頂きが、庭内の広さと平穏さを漠然と示している。そして、この中に、皇居が、信仰心のない人々の視線と市街の騒音から、隠れているのである。

ミカドが、皇位を皇太子に譲って、さらに一層、人里を離れた所に退避したい場合には、南東部の孤立した塀の中にある宮殿が用意されている。

市のほぼ中心に、お互いに少し離れて二階建てまたは三階建ての、四角な塔が聳《そび》えている城がある。動乱時代には、この城はミカドの要塞であったが、現在ではタイクン（将軍）の警備隊本部となっている。

皇居の中の高官、各種の官吏及び勤務員とその多数の家族は、数千名に達するに違いないが、正確な数字は知ることができない。というのは、宮廷は、特別の規定で、毎年の調査に含まれていないためである。

日本の政府は、不断に、かつ熱心に、民族的な統計を実施してきた。帝国の神聖な都市における統計は、宗教関係者を別個に取り扱っており、それぞれの申告に従って宗派別に分けている。

ケンペルの述べているところによると、一六九三年、京都の定住者人口は、宮廷を除いて、僧侶、神官五万二千百六十九人、俗衆四十七万七千五百五十七名となっており、法によって認められている宗派は二十あって、それぞれの宗派の信者数は、一番多いもので十五万九千百十三名、一番少ないものは二百八十八名に過ぎない。日本の首都における宗教生活の厖大《ぼうだい》な発達が、そこでの滞在を退屈なものにし、社会的風習に固苦しい痕跡《こんせき》を与えている。

日没頃、この聖都に近づいていくと、まだ遠いうちから、近所に大きな市場でも立っているかのような楽器の演奏が聞こえてくる。いたるところ、丘陵の上にある寺院で、大太鼓やタンブリンや銅鑼《どら》や青銅の鐘の音をたてながら、夕方の勤行《ごんぎょう》を勤めているのである。

街はずれには、大小さまざまな紙提灯《かみぢょうちん》に、灯がともされている。もっとも大きいのは、円筒状をしていて、寺院の表玄関の、柱の間に吊《つる》されており、最も小さいのは、地球儀の形をしていて、旅館の入り口や娼家《しょうか》の回廊に吊されていた。すなわち、寺院も、賤業に従事している家も、同じように、お祭りの照明に参加し、このあたり一帯が、ヴェニスの祭りのように、あらゆる階層を網羅していた。

市街の中央では、男女の群集が、商店に並べられてある商品の前や、南から北に、内裏のあたりまで延びている歩道の上に、ひしめいていた。聖職者がたくさんいて、神官たちは、黒色の漆を塗った厚紙の帽子をかむり、その背後に、発条《ばね》のように弾力性があり、強靭な糊づけをしたリボンが、頸《くび》のあたりまで垂れていた。この古式な民族的帽子は、神官に限らず、京都市民のうち公式に認められている十九の階級の人々が、階級によって、形の上に多少の相違はあるけれども、大小の儀式に際して、このような帽子をかぶっている。袖に飾り紐《ひも》のついたゆったりした衣服、華美な袴《はかま》、外観のためだけの長く曲がった刀、そうしたものが、都会の神官の服装である。

仏教の僧侶および尼僧は、何もかぶらず、坊主頭で歩いていた。灰色の袈裟《けさ》が大部分であるが、中には、黒や褐色や緑色や赤い袈裟を着ている者もあった。京都には、このほかに、宗教的な隠者がいる。彼らは娑婆《しゃば》から逃避してきた連中で、善良な市民たちが、彼らにお布施《ふせ》を与えている。中に、極めて不思議な隠者がいて、高い懸崖《けんがい》の壁に穴を掘って住んでいるが、何者であるか、どうして生活しているか、全然、わからないのがいる。もっとも、岩壁と道路の間にある池の上に、巧妙に造られた滑車があって、食糧籠を上げたり下ろしたりできるようになっているとのことである。

宗教的な職業として行なわれている乞食《こつじき》（托鉢《たくはつ》？）は、いかなる時にも、また市どの通りでも、見かけられた。こちらで、乞食坊主が錫杖《しゃくじょう》の鐶《かなわ》を鳴らしているかと思うと、向こうでは、腰にぶら下げた銅板を槌《つち》で叩いているし、寄進を集める袋を出しながら演説しているのもあれば、通行人に向かって、単調な祈禱《きとう》をしているのもある。

手品師、曲芸師、道化師が、十字路で、客の注意を引こうとして、笛や太鼓で騒ぎ立てている。お茶屋からは、ギター（三味線）の響きと嬌声《きょうせい》が聞こえる。劇場や公娼《こうしょう》街《がい》は、終夜開かれている。

商人階級のコメディや忍術使いのオペラをやっている民衆劇場のほかに、日本人の生活における最も奇妙な、不可解な面である宮廷劇場がある。ここでは、役割も、衣装も大道具も、すべてが抽象化された条件がついている。それは、ルイ十四世とその「マダム」フェードラを記念した古典悲劇で、鬘《かつら》をかぶったアガメムノンと、高い踵《きびす》の靴をはいたアキレスに似ている。しかしながら、われわれの悲劇の主人公たちの条件化された服装によって、われわれは、歴史的事実によって、抽象化された条件がそれぞれの人物の性格をあらわしていることを理解する。

ところが、京都の宮廷劇場の舞台に出てくる人物の素性と意義を、いったい、誰がわれわれに説明するのであろうか。例えば、日本には全然いない緑の九官鳥を描いた着物を着た白髯《はくぜん》の老人は、何を表現しているのであろうか。そして、この主人公が日本にはいない毒蛇を退治しているのは、どういう意味であろうか。日本の武器とは全然違っている盾《たて》とか、甲冑《かっちゅう》とか、刀剣は、いったい、どこから持って来たのであろうか。支那劇場における各種の、そして多数の登場人物の間における共通性をわれわれが追究するとすれば、それは無駄なことである。

日本の俳優たちの服装が私を混乱に陥れた時、私は、意識的に、ジャワのワヤン劇場に考えを移した。この劇場も、同じように、不思議な劇場で、主人公の歌がひと晩中続き、全然、誰にも解らぬ言葉で朗読し、木製の操り人形の助けをかりて、もっともらしく演出するのである。操り人形がかぶっている幻想的な王冠は、本当の形でないとしても、少なくとも、全体としての形は、完全に、ミカドの喜劇役者たちの表現しがたい冠り物に、適応している。

教養についていうならば、神の崇拝は極めて適切である。教養のすべては、日本を創造した神々が、自分の創造したものに対して、配慮を続けており、帝国を強大にした英雄が神々と共に住んでいて、神と祖国の間の斡旋者《あっせんしゃ》となっているという信仰を表わしている。こうした信仰から、神の崇拝が発生しているのである。

だが、この神と祖国の斡旋者である半神に、気に入られるためには、完全な清浄さで彼に近づかねばならないし、彼を記念して盛大なお祭りを催し、彼の生まれ故郷や彼が偉勲を立てた土地に参詣しなければならない。このような儀礼を行なうことは、大して困難なことではない。二つ三つの発言で表わせる道徳的な規律が、あらゆる信者に、自分が清浄であるかどうか、あるいは清浄になろうとして努力しているかどうかを、良心的に確認する可能性を与えている。清浄の本源である火と水を自分のもとに保持することと、信者に対し、毎日の洗浄と、土地の神に新鮮なものを供える精神をさわやかにすること以外に、別に宗教的義務を要求していない。不浄なものとされているのは、裁判を受けているもの、死によって肉親を失った者、死骸《しがい》に触れた者、血を流したもの、家畜の肉を食べたものである。不浄の状態から脱出するためには、その罪によって、あるいはより長期間、あるいはより短期間、悔悟のすべての形式に服従しなければならない。すなわち、男子は、悔悟の期間中、髯《ひげ》や髪を剃《そ》らず、頭に普通の藁帽子《わらぼうし》をかぶり、女子は、白い布をかぶり、最後に、男女とも、謹慎した家庭生活を送って、神への礼拝を行ない、あらゆる騒がしい娯楽から遠ざからねばならな

禊の儀式

い。

日本の主神の年次祭は、清浄の儀式以外の宗教儀式を含んでいない。大祭の前夜、神官たちが、神社の灯籠《とうろう》に明かりをつけて儀式を行なうことになっている。神社には、神として祭られてある英雄の刀剣やその他のものを入れてある「ミコシ」が置かれていて、神官の考えでは、神の地上における居所とされている。ところが、ミコシは毎年、大掃除をせねばならぬので、その時には、祭り物を取り出して川に運んで行き、神官たちは、それを洗滌《せんでき》し、別の神官が、大きな焚火《たきび》をたいて、悪魔を退散させ、また神楽を奏して、一時、地上の住所を失った神を慰めるのである。

聖壇の掃除が終わり、品物が元の位置に戻されると、それで、神の霊は自分の住所に帰って来たことになる。ところが、社殿を今度は掃除しなくてはならぬので、ミコシの方は、この掃除が終わるまで帰ることができない。祭りは、時によっては、数日間、祭壇は、悪魔の影響をすっかり払って、市街に置かれることになる。もしも悪魔が祭壇の周囲に張りめぐらした稲の縄を越えて侵入する場合には、沸き返る聖水をかぶることになる。このため、神官は、時々、この聖水を神の聖壇に振りかけているのである。そして、空中に舞い上がった悪魔に対して、神官が空に向かって弓を射るのだが、民衆は、雲に向かって飛んで行く矢を見守りながら拍手をする。雲の彼方まで飛んでいったかと思われた矢は、やがて、境内に落ちてくる。

最初、この年次祭は、日本で、もっとも古い数ヵ所の街に限られていて、八つの州だけが自分の神を持っていた。ところが、十世紀ごろから、どの州も、どの地区も、自分の英雄を持ちたいと要望するようになり、それ以来、日本のどこの地区でも、祭りを行なうようになり、帝国の端から端まで、英雄的な物語や芸術的な娯楽が、祖国愛と勇敢さに憧れる気風を培養し、拡大した。この点、日本の民族的宗教は、成果を上げている。それは、外敵の侵入を一度も許したことがなく、現在においても、なお、東西の強国に伍《ご》して、完全な自主を保持している愛国心の深く浸透した民衆を創り出したのである。

第九章　京都の芸術と流行

日本文明の開花期——支那と日本の相違——芸術——流行——宮中の生活——宮廷の風俗と習慣

僧侶、天文学者、詩人を除外しても、なお日本の古代文化は、自己の開花の時期と自己の民族的発展性を持っていた。

日本の文化は、芸術において、手芸において、地方産業において、実のある穀粒に充ちていた。

日本の文化は、真似のできぬ独創的な生産を示していた。この独自性を証明するものは、京都風の出現である。

古い都の工場から出てきたものは、はっきりと他のすべてのものと異なっている。この独自性のある京都風の作品が呼び起こした魅力は、驚嘆と遺憾をともなっていることは事実である。

こうした奇妙な矛盾を持ちながら、それは動植物の自然性の復元に見事に成功しているが、それと同時に、人間生活に関しては、少しも現実性のないタイプと全く故意にでっち上げた姿を描き出している。民族芸術家のアイデアとその実現において表明されている優れた才能は、公式の法則制定の影響を受けて、その発展を中止せねばならなかったことは明瞭である。

かくて、芸術と文学は、ミカドの気に入るように、条件づけられた旧習墨守的なものとなった。芸術は、その完全な発展の時期にあったと同じように、その衰微においても、保存されたということがいえるし、芸術が歪《ゆが》められたり、傷つけられたりすることなく、最高の段階に優れていたことは事実である。

帝国の古い諸都市の働く人々もまた、数世紀にわたって、少しも変わらなかった。彼らは、統制によって打撃を受けながらも、支那の、全社会階級の特色である衰亡と病弱の兆候を少しも示していない。

支那は、使い古して、腐りかかった建物を思い出させるが、日本では、荒廃もなければ、老衰もなく、常緑の島の新鮮な植物のように、永遠の若さの兆候があり、それを、この幸福な国の住民たちは、世代から世代に伝えているのである。彼らは、その永遠の春の表徴をもって、最後の住所をすら飾っており、このため彼らの墓地は、一年中、いかなる時にも草花に埋まっている。墓石には亡くなった人の記憶を保存するための銘が刻まれているが、そこには、滅亡とか、死とかいった考えを起こさせる何ものも存在していない。各家庭は、それぞれ自分の墓地を持っており、死んだ人は、それぞれ共同休息所に自分の墓石を持っていて、死んだ人の思い出話が、あの丘でも、この丘でも、大規模に展開されるのである。

年に一度、八月の末に、三日間立て続けに、盛大なお祭りが行なわれる。第一日目の夜、過ぎ去った一年間に死んだ人の墓に、さまざまな色の提灯《ちょうちん》が明かりをつける。二日目と三日目の夜は、例外なく、どの墓にも明かりがともされ、街の全家族が墓場に集まって来て、祖先の思い出にふけるのであった。

三日目の夜、午前二時頃、突如、提灯の行列が丘を下りて、岸辺に集まって行くと、墓地は再び、以前の暗黒と静寂に帰って行く。風習に従うと、死者は小舟に乗って、夜明けと共に消えていくことになっていて、このため、数千の藁《わら》で作った小舟に果物や小銭を載せ、それに明かりをともして流すのである。

焰《ほのお》の小艇隊が、あちらこちらで、赤い火の色を映えさせて移動するうちに、まもなく朝風のために消されていく。死者たちは自分の使命を果たしてしまい、最後の小舟が沈んで、最後の霊が陸地の方に別れを告げて、最後の光が消えると共に消えて行く。

日の出と共に、昨夜の死者の祭りは、その痕跡《こんせき》も留めていない。

日本人の葬儀：臨終の祈り

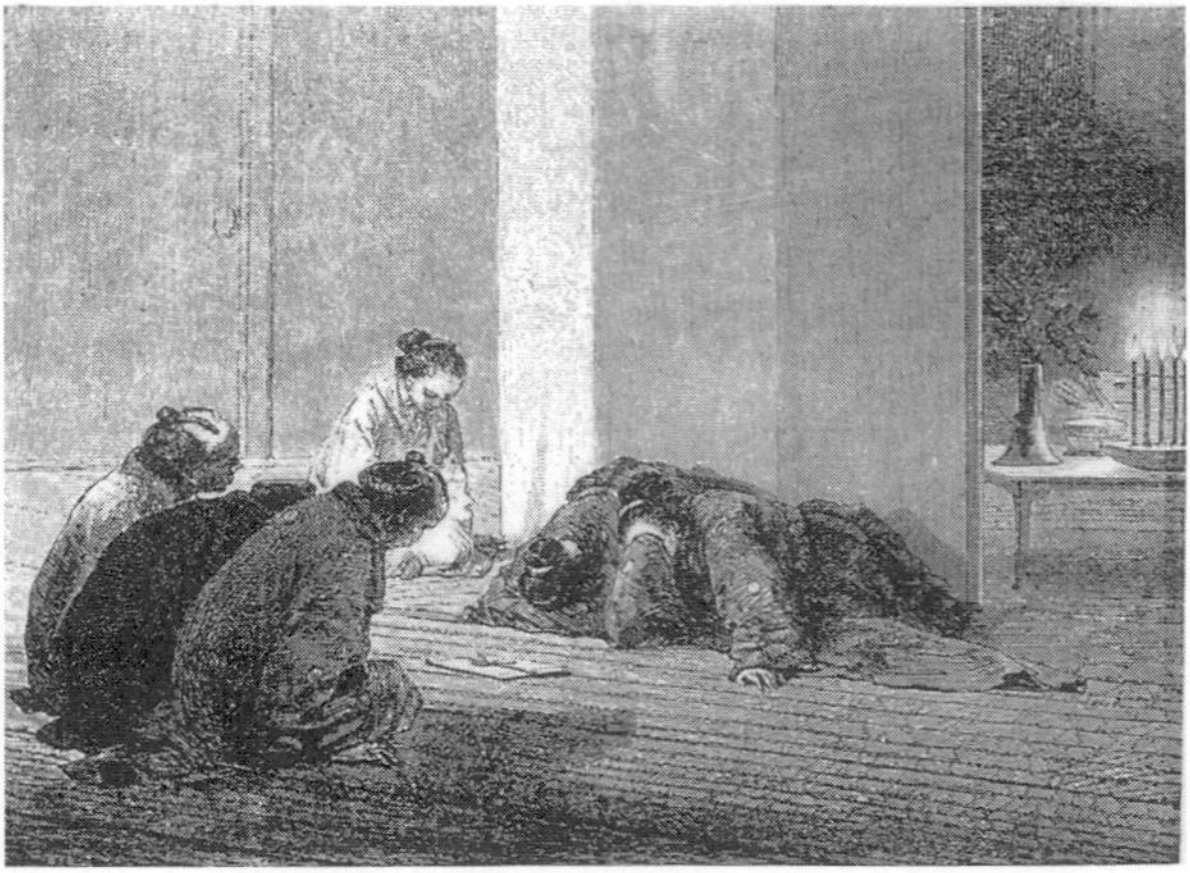

弔　問

棺の前での祈り

寺における埋葬式

火　葬

骨を拾う

墓の前での祈り

賤民の埋葬

日本がまだ、神の崇拝以外、他の宗教を持たなかった古代において、一般人の墓地とは別に、高位にある有名な人々の名誉ある特別の埋葬が行なわれた。このため、わざわざ、城と同じように、円錐形の丘陵が造られたことさえあった。この丘陵は、城と違って、壁や巨大な建物や広い濠《ほり》を持たなかった。聖地の表徴としては、ただひとつ、平地と丘陵の接合点にある橋の入り口に、鳥居があるだけであった。棺は地下室に似た墓穴に入れて塞ぎ、その上に、お堂に似た小さな木造の建物が立っていた。

埋葬式はお祭りのような性格を持っていた。葬儀を見ると、街が英雄の凱旋《がいせん》を迎えているようだった。故人と一緒に、墓穴の中に鎖《くさり》胴衣、武器と、彼の持っていた最も貴重なものを入れた。近臣の重だったものと愛馬が人柱として犠牲に供せられた。だが、この残虐な風習は西暦第一世紀に廃止され、人間の代わりにマネキン（埴輪《はにわ》）が、馬の代わりに馬の絵が代用されるようになった。白木の板に達筆に描いた幾つかの絵は、土地の画家の卓抜な手腕と入魂の筆致によって、日本における芸術的珍品の一つになった。一部の都市や農村のお堂で、彼らは、墓地に納めるものでないエマ（絵馬）を描いている。愛好家は、江戸の邸宅で使用される衝立に描いたのをより高く評価している。タイクンが外国の居館に贈った品物の中には、この絵馬もしばしば見受けられる。

しかし、この種の絵は、ミカドの宮廷ではあまり歓迎されず、宮廷ではもっぱら精密画が流行していた。京都の精密画は、中世紀における西欧の教会の画によく似たところがあって、同じように犢皮紙《とくひし》を用い、多量の金粉と豊富な色彩を使用している。象牙または高価材で造った軸に巻きつけてある絵巻物があり、暦《こよみ》と詩集と、小説と弥《ミ》撒《サ》の本だけが、本の判型で製本されている。また、京都の貴婦人や詩人たちは、それぞれの月を表象的な花束で区別してある花暦しか求めない。このほかに、象形文字で書いた暦があるが、その出所は不明である。

高級階層の婦人の服装は、かの女たちの身分や社会的地位を示しているばかりでなく、この外に、着物の色や刺繡が季節の風物に合わされている。

宮廷の言葉では、月をその名称で呼ばずに、特性や特徴で名づけていた。睦月《むつき》は、新

武将を描いた日本の絵

年の訪問や贈答によって親交を暖める月であり、自然が醒《さ》めて発展する月、弥生《やよい》は三月、七月は、手紙をやり取りするように決められた日があるので文月《ふみづき》といい、十二月は、年末で家の主人が忙しくて、家を留守にして走り回るので、師走《しわす》といっている。

日本人の建築作業、工業製品の製作、その他すべて美術及び手芸団体の行なっていることはみな、自然を表徴しようと努めている点が目立っている。寺院や宮殿の屋根の木造部や各種の木造装飾物には、雲の棚引く姿、すなわち雲形を用いている。

内裏の柱廊は、黄道帯に囲まれた金色の太陽で飾られており、寺院の柱廊は、二匹の象の頭で飾られている。これは仏教の発祥地がインドであるためである。

寄木細工や木彫りで、好んで採用する装飾の題材は、飛沫《ひまつ》をあげている波浪、波に洗われている玄武岩の岩壁、鶴、翼を拡げた蝙蝠《こうもり》、花弁をひらいた蓮、竹、松、梅、棕櫚《しゅろ》等である。大体において、装飾品で、それが何を意味するかわからないものは少ないようである。ところが、内裏の宮殿に、人体ほどの大きさをもった、鳥を描いた銅製の花瓶に似たものがあり、トリカメ（鳥瓶）と呼ばれていて、古代芸術品の一つではあるものの、その由来やその用途を知る者は誰もいないし、また、この鳥がなんという鳥であるかもさっぱりわからない。同じように、花瓶に似た古い骨董品《こっとうひん》が、脚台の上に置かれてあって、香料を焚《た》くのに用いられているが、これら丹精のこもった

日本の職人（京都）
（右上より）烏帽子造り　貨幣造り　糸繰り
扇子造り　鏡磨き師　名刺造り

装飾品は、日本には知られていない動物である鰐《わに》のような格好をしている。

亀と鶴は、タバコ盆や燭台などによく描かれていて、不死の表徴、少なくとも長寿の表徴とされている。伝説的な鳥フオオ（鳳凰）は、支那でも、日本でも、通常、宮廷の障子か押し入れの扉に描かれていて、永久の幸福の表徴とされている。

これらの象徴的な描写は、特に京都で有名な高級の絹地、金糸銀糸を用いた生地の模様に使用される。また、木版や木彫り、刀剣の柄や鞘《さや》、煙草入れや煙管《きせる》、楽器類の飾りにした金、銀、赤銅、鉄の細工物をはじめ、各種の形をした家財道具、食器、陶磁器に至るまで、広く利用されている。

私は、いつか、京都の骨董品の商店で、これらの品物が一つとして角の尖《とが》ったものがないことを知った。多数の箱や桶《おけ》やその他の漆器類を見て、角の尖ったものは一つもなく、逆に角のところを削り取って丸みをつけてあるのを見て、このことを確信したわけである。この特性は、何もそうせねばならないという規則があるわけでなく、単なる気まぐれ的な趣味に過ぎないと解釈しながらも、それと同時に、日本の鏡がすべて円形をしているという、象徴的な意義を持っているように思われるところの事実を、無視するわけにはゆかない。すべてに丸みを持たしているこの一様性は、「神社の鏡が丸い太陽を象徴している」といったシーボルトの意見を支持することになるかも

京都の官女

知れない。

もしも流行というものがなんらかの基礎を持つものであるとするならば、京都における或る種の流行の基礎的原因を判定することは、なお一層困難である。宮廷の貴婦人たちは、眉毛《まゆげ》を剃《そ》り落として、その代わりに、目の上に指先で塗った太い黒点をつけている。こうすることによって、これらの優れた容貌をした美女たちは、その卵形の顔では、まだ長さが不足しているために、このような女性の奸《かん》計《けい》によって、そのままでは余りにも低いところにある眉を上部に引き上げ、顔を長目に見せようとしているのであろうか。

婦人たちは、前髪の一部を、こめかみのところと肩のところで切って垂らしているのを例外として、残りの頭髪は、全部、後頭部の方に滑らかに梳《くしけず》って、何の飾りもつけず、そのまま結ぶこともなく、背のあたりまで伸ばし、そこではじめて、紐《ひも》かリボンで束《たば》ねて、再び下に垂らしている。すべての上流婦人が、床《ゆか》にとどきそうな長い濃厚な頭髪を広い外套《がいとう》（打ち掛け）に沿って波打たせているのは、かなり神秘的である。

金襴《きんらん》で作ったこの外套は、非常に贅沢《ぜいたく》にその生地を使ってあるので、侍女たちが背後から支え持っていくほどである。

打ち掛けの端から出ている二つの長い紐は、何を意味するのであろうか。それは、貴婦人が歩くと、目に見えない彼女の小さな足の、静かな運動に従って動いて行くので、遠くから見ると、彼女が着ているのは着物でなくて、下着の化け物が腰を動かしながら膝で歩いているように見える。事実、また、この衣服はそう見えるように作られていた。ミカドの前に出る光栄を持つ宮廷の貴婦人たちは、膝行《しっこう》して、陛下の前に進んでいるように見せねばならないからである。

宮殿の内部は、畳の上に敷いた軟かい絨毯《じゅうたん》に当たる絹ずれの音以外は聞こえなかった。竹の簾《すだれ》が明るい太陽の光を遮《さえぎ》っている。立派な名画の描かれている衝立、荘重な衣裳掛け、天鵞絨《びろうど》のカーテン等が、応接室との間を仕切っている。典雅な素朴さがいかなる家具によっても侵されていない。そして、隅の方に、花や木の枝を最高の技術によって活けてある陶器の花瓶が見えているかと思うと、螺鈿《らでん》の象嵌《ぞうがん》を施した箱があり、重ね棚には厖大な古代の歌集が集められており、そこには、また、金紙に書き写されている全集も置かれている。高価な木材と新鮮な畳の香りが、開け放たれた障子を通じて、四方から入ってくる新鮮な空気と溶け合っている。

宮廷に仕える若い娘が、皇后の食堂から茶といろいろな甘いものを運んで来る。皇后、すなわちキサキは、ミカドの合法的な十二人の妻及び多数の側室の傲慢な命令者であって、広間の一段高くなった高座の奥に威儀を正して坐っている。女官たちや召し使いの女たちは、高座の階段の傍らに、それぞれ敬意を表する間隔を置いて、坐ったり膝立ちしたりしている。彼女たちは、その階級に応じて、衣服もその色彩も違っているので、この場の光景はまるで花壇のようである。

皇后はどうかというと、彼女の衣服の裾《すそ》は、紗《しゃ》、縮緬《ちりめん》、錦の絢爛《けんらん》たる後光に包まれているように見せるためか、特に人工的に整えられ、広げられており、王冠の上には、三本の金の薄片が立っていて、花糸のように見え、お伽話《とぎばなし》に出る花の女王さまのようであった。

招かれた人々は、皇后の前に、半円を描いて席をとっている。皇后が手で合図をすると、当直の女官が近づいて来て、俯《うつぶ》し伏《ふ》しながら、お話し会を開くか、文学的な競争を始めるかについての指示を受けるのである。キサキ（皇后）の宮殿では、三月三日に、「花遊びの大学」が催される。四月の前半に、内裏の宮殿の教養の高い智恵者が城内の庭園にある池の畔《ほと》りに集まり、漆器の杯《さかずき》についだ酒がひと回りするころ、宮廷の騎士や貴婦人たちが詩作のトーナメントを開始し、誰が周囲の風景を見て、より早く詩句を考え出すかを競い合うのである。

なお、皇后の宮殿では、文学的な競技の外に、別の気晴らしも行なわれていた。そこには絃楽器だけの楽団があり、音楽と共に、劇の上演もすることがあった。若い喜劇俳優の一団が、幻惑的なオペラや特殊な踊りを上演した。それは、裾の長い袖口を長く垂らした上衣を着て、ゆっくりと荘重に踊るのもあれば、鳥の翼や蝶の羽根をつけた衣装をして、生き生きと軽快に踊るのもあった。

内裏の宮殿の貴婦人たちは、宮廷劇場に自分たち専用の桟敷を持っていたばかりでなく、西暦紀元前二十一年以来、宮廷に所属する特典を受けている力士たちの相撲にも特別席を持っていた。彼女らはまた、極く近しい連中と一緒に、娯楽場の露台で闘鶏を見るのを好んだ。

このような京都の宮廷の習慣と風習が、昔日のような芸術文学生活の痕跡をすでに失ってはいるが、形式だけは今日も残っている。これは、古代日本文化の最後の残存物であり、現在では、日本の一地点だけに集結されていて、霊廟の墓と同じように不動のものとなっている。だが、しかし、この古い都の周囲に、新しい生活が市街や農村に浸透しており、すでに、瀬戸内海の諸港にある西方の汽船の煙は、ヨーロッパ文化の到来を告げている。

このような情勢は、古代より相伝の神権的な日本の皇帝の現状に脅威を与えているが、しかし、彼もまた、神秘な暗黒の包囲の中から脱け出なければならない。時代の力は、彼を現代の歴史的背景の上に呼び出し、衆目の前に立たすであろう。

第十章　金沢への遠足

日本の夏――舟遊び――日本の船頭――金沢の入り江――宿屋――失敗

日本の夏は、連続して晴天が続くことはまれで、六月から七月にかけて、長雨とむしむしする暑気で中断される。雷は、私の経験では、まれにしか起こらず、大して危険なものとは思わない。この頃は富士山の周囲に一番黒雲が立ち込める季節で、その黒雲が無気味に湾の上空を覆うのだが、雷が二、三度鳴ると、普通、海の彼方に遠ざかって行き、とてもすばらしい虹を残して、空は明るい紺青となる。極東の諸国で台風といわれている怖ろしい竜巻きを私は一度も見なかった。日本でよく起こる地震は、平均、三ヵ月に二回ほどの割合で起こったが、たいした損害を与えなかった。六月の終わりから七月の最初の二週間は、私が日本で初めて送ることができた、最も平安な日々であった。われわれがベンタン（オランダ人居留地）で満喫した平安は、何ものにも妨害されなかった。私がこの平安な居留地生活から去らなければならなくなったのは、リチャードソン暗殺に対する英国の抗議でまき起こされた騒動のためである。日本が西欧の列強と今にも決裂するのではないかと思われるような危機をはらんだ瞬間さえあった。

ちょうどその頃、あるいは江戸に、あるいは横浜に出かけていた私は、オランダの総領事が、一時、長崎に召還されたため、友人のひとりである外交官を連れて、ベンタンに完全な主人公として帰って来た。総領事が私に家の鍵を残して置かなかったのは、鍵が、全然、なかったからである。

この居館における私の移転は、大した手数はかからなかった。なぜなら、私の当番から始まって、仕事机や竹椅子に至るまで、すべてのものがもとのままであり、もとの場所であったからである。ただ一つ、少し変わったのは寝具で、直接床の上に敷いていたのを畳の上に移した。藁布団《わらぶとん》とそれを覆う麻の敷布、そして、それ以外には、何ひとつ夜具がなかった。この薄ら寒い寝床は、白い紗《しゃ》でつくった蚊帳《かや》に取り巻かれていた。私が安眠できるようにと、よく考えた末、扉を実に巧妙に利用して、蚊帳の入り口を作っていた。だが、この避難所に入ろうとして、入る際の注意事項をよく守ったにかかわらず、また、非常に軽装であったにかかわらず、やっとこれから甘い夢路に入ろうとすると、私より以前に入っていたのか、それとも私と一緒に入ったのか、敵の襲撃で寝床から飛び起きることがしばしばあった。

暑い時の日本の夜は、赤道下の夜と同じく、ヨーロッパ人にとっては重荷である。酷暑と蚊が根気強さを必要とするあらゆる仕事を苦難なものにする。夕暮れ後の散歩は、完全にその楽しさを失ってしまう。夜は、いつまでたっても安眠することができない。

すっかり参ったわれわれは、空中の避難所、すなわち屋根の上にある望楼に救いを求めるわけだが、こうした際、日本人の召し使い「トオ」が、いつもパイプ用の煙草「ブラゼロ」とマニラの葉巻をどっさり持ち込み、リキュールやアメリカのラム酒まで準備するのであった。

この望楼において、われわれが得た最初の印象は、落ち着いた解放感であった。星をちりばめた広々とした大空、軍用船の黒い影が浮かぶ静かな港、あちこちと番所の明かりが閃《ひらめ》く日本人街の深い静寂、われわれを取り巻くすべてのものが、空想的なもの思いを呼び起こすのであった、だが、まもなく、われわれは、予想しなかった状況のため、黙想を妨げられた。流れ星が空をかすめるかと思うと、どこか公園のあたりで揚げた狼火《のろし》でパッと明るくなったり、近くを飛ぶ蛍の燐光が閃いたりしたが、そのうち、蚊軍の攻撃から完全に避けていないことに気づくと共に、夜露の大きな滴りが顔に当たり出すありさまで、ついに寒さと疲労のため、再び蒸し暑い室の中に引き返さねばならなかった。

われわれは、領事館の小舟に乗って、停泊港で舟遊びをすることを考えついたが、最初の二つの試みで止めねばならなかった。干潮の時に引き返したので、われわれの重い小艇《しようてい》は波止場のあちこちにある浅瀬に乗り上げ、そのため、はなはだ残念ではあるが、浅瀬からわれわれの小舟までの区間を、われわれの船頭たちの肩に背負われなければならなかったのである。この際、居合わせた警備隊長は、自分の責任上、われわれが日の出まで舟遊びを続けたなら、このような困ったことにはならないだろうという意見を述べた。恐らく彼自身、この素朴な忠告がどのような作用を与えるかを考えなかっただろうが、われわれの話題は、一層この際、舟遊びを海洋航行に拡大しようということで持ち切りになり、相模岬に出よう、いや、さらに、相模岬を通り過ぎて、江の島まで足を延ばそうという話まで出た。

われわれの予定がこの点まで伸びてくると、俄然、重大な性質を持つようになってきた。相模岬を形成する半島を対角線に横切っている道路は、海上航海による遠回りをせずに、江の島に出ることができる。そこで、われわれは、一部の者は、小舟で出発するが、その他の者は、馬で横浜の南十五露里のところにある金沢に行き、そこから、陸路、江の島に向かい、その途中、金沢の南西七露里のところにある古い都会鎌倉に立ち寄ろうということになった。

警備隊長がわれわれの旅行の海上部のすべての準備を検討することになった。出発の夕方がやって来た。私と金沢行きに同行することになった二人の友人が、ベンタンの露台《テラス》で出会った。ちょうどその時、停泊中の前哨艦《ぜんしょうかん》が消灯の号砲を放ち、各艦艇からラッパや口笛の音が聞こえ、まもなくすべてが静かになった。時に九時、空は微風ひとつなく、海上に月が出ていた。まもなく警備隊長が来て、船頭たちがすでにわれわれの来るのを待っている旨を伝えた。

乗組員は、五名の船頭と警備隊長、二人のコック及びわれわれの食事を準備するために採用した支那人の料理人で、かれらはいずれも甲板で宿泊し、船室はわれわれが使用することになった。われわれは、船室に袋や箱で三つの寝所を作った。

かくて、われわれは艦隊の停泊している入り江を後にした。

日本人の船頭たちは、二人ずつ船尾の両側に立って、長い重い楫《かじ》を、ヴェニスのゴンドラのように、半円に描きながら動かす習慣を持っている。五人目の船頭は舟の主要部である舵《かじ》を操作した。最初の四人の漕ぎ手の協力によって、螺旋《らせん》揚水器の作用を起こすわけだが、作業がいつもより困難になると、かれらは息を吸い込み、歯をくいしばりながら互いに励まし合った。

英国艦隊の旗艦エイリアリュスに近づくと、上陸式の最後を飾る英国国歌の演奏が聞こえてきた。と、それと同時に、われわれの船室の上で、われわれの知らない楽器の演奏に合わせて、「兵士になることはなんと幸福なことだ！」という明るい歌声がし出した。月の光が警備隊長の意気高らかな姿を照らしていたので、この思いがけぬ慰めをわれわれに与えたのは、彼であることがわかった。彼は、口早に、この楽器を自分の貯めた金で買ったこと、この楽器で八つの歌を演奏することができることを説明した。この八つの歌を、回したねじが伸び切るまで、次から次へと全部開き、さらに二度も繰り返したものである。

そのうち、軽い波のうねりが起こると、船頭たちは、楫を止めて、帆を掲げた。やがて、海岸と岸辺の船舶は、視界から消えて、われわれは外海に出た。空は白っぽい雲で軽く覆われ、月が弱い光を出していた。われわれは、船室に下がって眠るよりほかに、何もすることがなかった。

日本の船は、いつも自分のかまどを持っており、料理に必要なすべてのものを備えているので、支那人の料理人に茶を注文し、船首を照らし、波に映える、パチパチと燃え上がるかまどの光を前にしてうずくまり、夜の最後の時間を過ごした。

運命への服従にすっかり疲れ果てた時、われわれの船が進路を変えていることに気

和船（サンパン）

づいた。船頭たちは、帆をおろして、櫂を力漕しだした。われわれは目的地に近づいたのである。

霧のような雲間にためらい、夜明けの近づいていることを示す、月夜の幻想的な光の中に、われわれの前方、右側に、美しい樹々に包まれた絵のような高地があり、正面には、ベブスター島の緑の頂上が聳《そび》えていた。われわれは、高い岩壁の裾《すそ》を海岸に沿って進んだ。両方の岸から聞こえる反響に、われわれの漕ぎ手はその漕力を倍加した。

われわれは、すでに、金沢の埠頭《ふとう》に近づいていた。岩礁を避けるため、われわれの舟は、大きく弧を描いてから、入り口に向かった。このあたりの水深は浅く、竿《さお》で船を進めることができた。

彎曲《わんきょく》した入り江の周辺が、少しずつ現われてくる。水平線の左側には、松の生えた岩壁と、白壁が目立つ部落を取り巻く繁った木立ちが見え、右側には、砂浜と村と長い長い堤防があった。この堤防は、入り江の一つを遮断し、弓形をした二つの橋で自らも中断されていた。そして、この橋の黒い輪廓が、われわれが静かに航行している海水の表面に、くっきり浮かんで見えた。ついに、われわれは金沢の港内に入って行く。それは非常に美しい小さな部落で、白い家並みが入り江の内部に活気を与えており、よく繁った丘陵の麓《ふもと》まで拡がっている。最初見た時には、丘陵に迫られて狭隘な土地のようだったが、近づいてみると、なかなか美しい風景に富んだ所である。われわれが向かっている埠頭と堤防を結んでいる橋が見え、一方、部落の先端に塩水湖を抱えた深い入り江が見える。港への入り口で、果樹に囲まれた小さな神社が見えた。その向こうの岩壁の上に、見晴し台のある茶屋があるが、ここから入り江の全景を手に取るように見下ろすことができるばかりでなく、ベブスター島及び潮島の彼方、遠く江戸湾を展望することができる。

日本人は、自国の自然の美しさに積極的な関心を寄せていて、景色のよい場所で、一般の関心を引きつけようと努力していない場所はない。このため、彼らは、その付近に、お堂、鳥居、茶屋、四阿《あずまや》またはその他の休憩所を建てている。旅客を接待する場所や涼しい木蔭等、時のたつのも、道中の不便も、みんな忘れ去ってしまうような、誘惑的な設備を万端整えている。これほどまでに、旅の疲れを癒やすための機会を旅行者に提供しているところは、どこにもない。

金沢は、ゆっくりしておれない一般旅客の忙がしい訪問よりも、長期療養的な休息のための落ち着いた避難所の一つである。しかし、公正に指摘するならば、そこはもはや人があまり訪ねて来ない場所における住民の素朴な気風や善良さを、より多く見出すことは不可能であるということである。

われわれが宿泊した旅館は、神社のある島に続いている堤防から程近い埠頭に建っていた。

われわれの旅行団の乗馬部は、昼過ぎ旅館に到着した。馬が脚を折り、その日の夕方、大勢の人だかりの中で、獣医の手にかかって死んでいった以外には、事故は起こらなかった。

ところで、物見高い群集が、旅館の内部にまで侵入してきた。地階にある広い廊下が、われわれに提供され、ヨーロッパ式に食卓に向かって食事をするため、台の上に数枚の板を並べ、二つの腰掛けと数個の空箱が用意された。われわれは、携行した飲食物で朝食をとったが、旅館の主人が、それに、酒、茶、米、焼魚及び醤油を付け加えてくれた。給仕には、さっぱりした服装をし、髪を綺麗に結《ゆ》ったふたりの若い女中が出て来た。食事の終わるころ、この家に住んでいる子供たちが、怖る怖る梯子《はしご》段《だん》の上に姿を現わした。そのうちの一番小さな子に、私が近くに来るようにと合図をすると、大きな声で泣き出した。私は彼をなだめて、いつも散歩に出かける時に携行する小さな銅版画をポケットから出して見せた。すると、彼は、もう自分の方からそれを受け取るために、私の方に近寄ってきた。そのうち、旅館の女中である彼の母親と子供を連れた近所の女たちがやって来た。ひとりの老婆が、白砂糖を食べて見たいという自分の希望を表明した。なぜなら、日本では、琉球から持って来る未加工の湿った砂糖しかないからである。かくて、最初のよりも、もっと多量な新しい配給が始まった。われわれは、しかし、かれらと一緒にいるのが決して不愉快ではないが、ともかく、休まなければならないのだということを感じさせるようにした。すると、男女の訪問客は、すぐさま、われわれの安静をいかに尊重しているかを示そうと努力して、できるかぎり静かに、われわれのもとから遠ざかっていった。

　われわれの寝床は一階に設けられたが、そのためには、二つの広い部屋を幾つかの必要な場所に分けるため、二つの仕切りが必要だった。しかし、この仕切りは、紙を

宿屋の寝間

張った簡単な枠だったので、隙間や裂《き》れ目《め》ができるのは当然である。そのため、私が畳の上に体を伸ばし、旅行用の枕に頭をつけていると、紙の破れ目が立派な通気口に見えて仕方がなかった。

だが、私は寝つくことができたが、しかし、それも、長続きはしなかった。というのは、日本の粗末な家にある畳は、寄生虫——テッペルがいうところの家のカンガルー——の大群の棲息所になっているからである。この点については、私の同行者も同じ意見であった。

竹藪《たけやぶ》で有名な僧院から出た時に、雨が降り出したため、午前中、金沢の名所を見物しようと予定していた散歩を中止した。宿屋に帰って、出発のことでも相談しようとしていた時、船頭たちが、夕方、入り江を出航することは許されていないというので、われわれは、警備隊長の自動オルガンで音楽を聞きながら茶を飲みはじめた。そして、私は隣のお寺の正門を写生していると、旅館の女主人が、お供を連れて、売り物にする金沢や鎌倉の風景を描いた日本の版画をどっさり持ち込んできた。

女主人の夫が魚を見てくれと誘うので、われわれは、彼と共に、天然石で造った庭に出ると、海に続いてはいるが、海の波を完全に防いでいる養魚池があった。われわれは、そこで昼食にする魚を選んだ。このため、昼食は魚の料理で持ち切りであった。魚のスープ、油でいためた魚、煮た魚から、生魚を薄く切って醬油につけたのまで出た。

デザートの後で、私が旅館に誰か三味線をひく人はいないかと尋ねると、女主人は、三味線をひくことが日本における女子教育の必須課目であることを述べ、「今すぐここに三味線の先生を連れて来ましょう」と付け加えた。そして、事実また、彼女は、三味線の先生で、首都の茶屋でも有名だという近所に住んでいる中年の女性を連れて来た。彼女は、われわれの勧めに応じ、洗練された礼儀作法で、机の前に腰を下ろした。この女流音楽家は、警備隊長の自動オルガンを見て、とてもすばらしい品だと感嘆した。日本音楽の音律をはっきり摑《つか》むことは困難であったが、しかし、この熟練した芸

三味線をひく女性

術家は、われわれヨーロッパ人の歌の調子に、自分の三味線を合わせたばかりでなく、それらのうちの若干をかなり正確に模写して見せた。

われわれは、かなり早く眠ることになった。私の寝床は、天井に紐《ひも》で吊《つる》した黄色い絹のサージで天幕のようなものをつくって、蚊を防ぐことにしたため、大変蒸し暑かったけれども、かなりよく眠った。だが、この蚊《か》除《よ》けは、皆に行き渡らなかったため、隣の室では、夜明けまで、コップのガタつく音がしたり、しわがれた声がしたりしていた。

街の郊外を散歩しようとしたわれわれの計画は、遂行することができなかった。われわれ一行の元気な連中が、名誉にかけても、江の島に出かけて朝飯を食べねばならぬと息巻いていたのに、無駄になってしまった。一夜の中に、海底から隆起したこの火山島の奇蹟名勝を算え上げていたのも無駄になってしまった。

海抜百メートル以上もあるこの島の展望台で、休息することができたらどんなによかったことだろう！　島民たちが、われわれに、珊瑚《さんご》や貝類や干した飛び魚を勧めたことであろう。彼らは、深さが一キロ以上もあり、その中に偶像が立っている神秘な洞穴に案内しようと、われわれに勧めたことであろう。彼らは、潜水の技術でわれわれを驚かし、そして海底から取ってきた獲物でわれわれをご馳走したことであろう。

だが、一行の大部分は、こうした期待を実現することができず、相変わらず横浜街道で、再び夕景を迎え、お休みの挨拶を交わすのだった。

第十一章　タイクンの居館

貴族の居館——鎌倉の郊外

江の島へ行こうとしたわれわれ一行の計画が失敗したので、私は、せめて、ここから歩いて三時間の距離にある鎌倉を訪れたいと思った。私は、二名の友人と警備隊長を連れて徒歩で出発した。旅館を出たのが朝の四時。人通りのない金沢の街通りを南へ、丘陵の最後の突出部まで出た。ここに特別な建築物があったが、それは貴族の居館であった。堅牢な壁が庭園の築山を囲んでいて、正門は、二本の柱とそれと直角に交差する横桁《よこげた》より成っており、黒い漆《うるし》を塗り、銅の飾りが施してあった。この門を入ると、広い中庭があり、哨舎《しょうしゃ》その他の建物が見え、その背後に大木が聳《そび》えていて、この居館の古めかしい感じを一層強めている。ここには、日本における名家のひとつである細川家の、一大名が住んでいること、彼は金沢その他の土地を領有し、直接タイクン（大君）に所属していることがわかった。さらに西に進むと、急流にかかった橋に出た。稲田は青い波を立てていたが、すでに実をつけている。稲田の間の細道は、片方の足だけがやっと入るほどの狭さで、われわれが通っているこの道でさえ、二頭の馬が並ぶと、それで一杯だった。変な障碍物《しょうがいぶつ》がわれわれの行く道を占領している。見ると、好人物らしい老夫婦が、ここを寝所に選び、道中、うわっ張り代わりに使ったらしい二枚の蓙蓙《ござ》の上に、静かに眠っていた。うるさい蚊《か》を追い払うために草を燃やしたと見え、灰から煙が出ていた。

山裾《やますそ》から、道は、砂地と、時々、直角に切り取った岩壁の間をうねっていた。そして、これらの岩壁にはところどころ洞窟《どうくつ》があり、その中に、小さな石像や祭壇やお供え物が見えた。岩壁に続く、峠の頂上に小さな小屋があって、腰掛けを数個並べてあり、かまどが見え、お茶と食事の用意がしてあった。早朝のこととて、誰も見えず、その内部が丸見えであった。下りは非常に急勾配だった。小さな林の縁から、金色をした見事な雉《きじ》がわれわれを見ていた。私の友人のひとりが、この誘惑をぼんやり見過ごすことができず、拳銃を発射した。弾が当たらなかった雉は、こんなつまらぬことのために、その場から動こうとはしなかった。しかし、少し考えた後、樫《かし》の木の頂上の方がより適当な場所と観察したようであった。そこは、私も心から満足したところである。そして雉は、われわれの弾から安全な場所に移動したわけだ。

道路から少し離れたところ、水車場に続いている小川の岸、花畠や木立ちの間に、思い思いに散らばった家々が見え、部落民が数人、自分の家の付近で働いていた。私たちを見た女が、慌てて懸《か》け樋《ひ》で顔を洗っている自分の子を呼んでいる。子供が、力一杯、家に駈け込んで行く。少しずつ、道路は、歩行者や荷を積んだ馬で、賑わってきた。

周囲の土地は、波状の美しい起伏を連ねながら、海の方に下がっており、その海は、われわれの目に円を描いた湾のように見え、瑠璃《るり》色《いろ》の光を岩の多い江の島の岸に反映させている。遠く薄雲を棚引かせた富士山の白峰が、この風景の装飾を完成させていた。

農家や花畠に囲まれた、漆を塗ったばかりの立派な屋敷が、道路に沿い、あるいは山の尾根に点在しており、また、しばしばお堂や灯籠《とうろう》や花崗岩の石像や墓が見られ、鎌倉の郊外のこうしたすべてのものが、かつて、ここに、大都会のあったことを実証している。凸凹の多い土地の、あちこちにあるよく茂った木立ちの下には、城壁の破片や埋め立てられた運河（堀）の残存物が残っている。古い大木の並み木道は、荒廃して、茨やその他の雑草が繁茂している。この並み木は、かつては、宮殿まで続いていたものであろうが、その宮殿は、今、影も形も残っていない。この地点に、かつて将軍が自己の居館を設けていたのであった。

第十二章　鎌倉の神社仏閣

八幡宮――偶像――僧侶――鎌倉の大仏

日本のあらゆる礼拝場所を飾っている高い松並み木道が、八幡宮の参道になっている。金沢寄りにある入り口に近づくにつれて、道の両側、特に、左側に、お堂、礼拝堂、記念碑が次第に数多く目についてくる。

極めて立派な木橋を渡ると、突如、海岸に続く別の並み木路と中央にある広い街路の入り口に出る。これが表参道であった。三つの鳥居を通り過ぎると、露台や階段等神社の建造物の前にある大広場が目の前に展開される。

この神域の垣根は、街路の方に開かれていて、他の三方は、黒と赤の色を塗った格子のある低い壁で囲まれている。

二つの階段を上がると、最初の台地に出る。真ん中に、広い堀に続いている二つの大きな池があり、堀には、どちらも自分の個性を持っていて、共に美しい二つの橋が並んでかかっている。右手の橋は、荒削りをした白っぽい花崗岩でできており、ほとんど半円を描いて彎曲《わんきょく》していて、いったい、どんな体操をするために造られたのだろうか?と、質問したくなるほどであった。左手の橋は、平坦な木橋で、欄干は赤く塗られ、銅の飾りが施されている。石橋の方の池は、全面優美極まる白い蓮の花で覆われており、水晶のように透き通った水の中で、花や葉の間を、真珠色をした鰭《ひれ》を持つ赤い魚などが泳いでいる。暗色の亀が茎を滑って、静かに広い水草を彎曲させているかと思うと、その水草のあたりでは、甲殻動物が気まぐれに旋回したり、粘着したりしている。

この興味ある風景を子供のような満足さで見とれていたわれわれは、第二の台地に向かった。ここは、第一の台地より数段高くなっていて、柵で取り巻かれていたため、聖堂の庵室を潜るようにして、入り込むより仕方がなかった。

橋に向き合って立っている神社の建物は、その高い屋根の下に、二つの恐ろしい面相をした偶像を置いてあって、その両側は自由に通れるようになっている。

この二つの偶像は、頭から足まで、赤い鉛の塗料で塗られ、その恐ろしくひん曲がった顔やその巨大な体は、紙を嚙《か》んで作った礫《つぶて》のため、斑点だらけになっていた。この紙礫は、通りがかった参詣人たちが、ちょうど学校から解放された生徒の群れのように、なんの会釈もなく、投げつけたものである。それと共に参詣人たちは、これら

鎌倉八幡宮

の偶像に、藁《わら》で作った履物の献上を行ない、それをそれぞれの偶像を取り巻く格子に吊《つる》している。二つの巨像の大きさに合わせて作ったこれらの履物が、幾つとなく格子にぶら下がっているわけだが、このような装飾がいかなる快感を与えるか、およそ想像がつくであろう！

その時、われわれのところへ、ひとりの使僧が近づいて来た。彼の歩き振りには、どこか追従的なところがあり、その顔つきは無欲でないことを明らかに表わしていた。

われわれは、彼に対して、もし彼が、われわれのために、閉塞されている建物の中に入れるよう取りはからった場合には、その奉仕に対しての代償を提供するであろうということを説明した。すると、彼は、われわれが彼に不可能なことを要求しているのだということを知らせるように、頭を振って、上司の命令を機械のように正確に遂行する人間としての範囲で、われわれのためにできることだけはしましょう、という制限を取り決めた。

われわれの前に提供された光景は、事実、驚嘆に値するものであった。前に述べた第二の高台の上に、長い広い石段があり、石積みの建築様式で支えられている第三の高台には、本殿と僧侶の住宅があった。これらの建物の灰色の屋根が、松や杉の木立ちの暗い背景から浮き出ていた。

われわれの左手に、神社の宝物を入れてある幾つかの建物があり、そのひとつは、ピラミッド型の屋根に、芸術的に造った尖塔《せんとう》が聳《そび》えていた。大きな石段の麓《ふもと》には、洗浄のためのお堂がある。右側には、支那の建築様式で建てた宝塔があり、独特の風致とより厳正な戒律を備えていた。

一階は、正方形で、短い脚柱の上に立っており、二階は、円形の広い回廊があり、空中に軽い輪郭を描き出している、そのすべての重みが、あたかも心棒の上に乗せられていて、ぐるぐると回っているかのように見える。高い螺《ら》旋《せん》状の尖頭《せんとう》を持ち、彎曲しながら下にいくほど拡がっている鋭角の屋根は、この奇妙な建物から受ける印象を完成している。この建物より以上に、構成各部のつり合いをより正しく正確に理解し、それをより大胆に結合することは不可能である。

鎌倉八幡の宝搭

八幡宮の宝塔の持つ課題は、出《で》鱈目《たらめ》な建築によって達成されるか、それとも、現にわれわれの面前にある全体的調和の見事な遂行によって、達成されることができる。このような建物を見た場合、ヨーロッパ人は、最初、ある不信の念を消すことができないばかりか、大部分の者はこのような建築に抗議をするであろうが、しかし、あらゆる真の芸術作品が与える、荘重な調和のとれた印象を否定することはできない。

私が列挙した建物の装飾部分も、また、風味と調和を失っていない。中でも、正門の扉や屋根の蛇腹《じゃばら》の装飾は、特に目立っている。これらの建築のほとんど唯一の材料である木材の肉桂色が、赤または緑に塗られている彫刻の細部によって、一層引き立てられている。それに、これらの建造物が、世紀の老木に限取られていることで、大きな効果を上げていること、また、空の異常な光彩で、同じく効果を上げていることを、付け加えるのも無駄ではあるまい。空の異常な光彩といったが、これは、日本が、他のいずれの国よりも、大気がより多く透明であるためかも知れない。

われわれは、さらに、宝塔の背後にある鐘楼と礼拝堂を訪ねた。鐘楼には、巧妙な彫刻を一面に施してある大きな鐘が吊してあり、礼拝堂の祭壇には、三個の金色の像があって、中央に大きい像が、左右に二つの小さい像があって、共同の光背に包まれていた。

このように八幡宮を見ていると、どこでもそうであるが、インドから持ち込まれた宗教の慣習が民族的な神の礼拝を圧倒していると認められる。この私の見解を裏書きする新しい証拠が提供されることになった。それは、われわれが、引き返そうとすると、例の使僧がもっと先に行って見ましょうと勧めたためである。彼は、参詣人の進物を吊してある木の下で、われわれを停めた。すると、その根元に、柵で囲った大きな石があったが、彼は、この石にある婦人の性器に似た形をしている亀裂を指差して、この亀裂が自然に出来たものであると主張した。だが、私は、少なくとも、漠然とした線があったのを、僧侶の彫刻刀がこうした形に造り上げたものであり、それによって、この岩に対する庶民の礼拝をかち取るという特異な投機を行なっているのではないかと、強く疑った。進物だけを見ても、多数の参詣人の礼拝を受けていることを実証している。

こういうわけで、日本人は、極端な邪教に埋没してはいないが、しかし、あらゆる自然の力を神格化して、崇拝しようとする笑止なことを避けてはいない。東洋における最も明敏で嘲笑好きな民族でありながら、極めて迷信的なところがある。江戸の名誉ある市民や典雅な宮廷の貴婦人の多くは、疑いもなく、ばかげた鎌倉の偶像のことを心から笑うであろうが、しかし家庭的な雰囲気では、彼らもまた、手に一杯の進物を持って、この偶像の礼拝に出かけるのである。

八幡宮の並み木通りを出て、われわれが訪ねて行った寺院ほど、その地の美しい景色と対照的なものはなかった。この寺院は、全鎌倉湾を展望することのできる頂上にあって、絶景の場所にあったが、それだけに嫌悪の印象しか与えないこの寺院の存在は、憂鬱《ゆううつ》にならざるを得なかった。本殿は、一見して、何も取り立てるほどのものはなく、大きな祭壇にも平凡な偶像が立っていた。傍らの副祭壇に槌《つち》を持った蓄財の神の像を認めた。だが、われわれを、この寺院で出迎えた僧侶が、中央祭壇の方に引っ張っていった。そこには、監獄のように薄暗くて、塔のように高い空間があり、二つの提灯《ちょうちん》に火をともして、ゆっくり、それを長い竿《さお》で持ち上げると、この二つの蠟燭《ろうそく》の光で、真っ暗だった屋根の下に、高さ十メートルから十二メートルもある金粉を塗った巨大な木像が見えてきた。右手に王笏《おうしゃく》を持ち、左手に蓮を持っており、頭には、下級の仏を表わした三つの顔から成っている冠を戴いていた。この大きな偶像自身が、仏教創始者の助手の一人で、人々の祈禱《きとう》を採り上げて、彼らを天国に送る仲介者なのである。

いかに僧侶たちが、宗教的な狡猾《こうかつ》さと幻想的な場面によって、自己の信徒たちの想像力を迷信的な恐怖で圧倒し、かれらを永遠の愚昧《ぐまい》の内に閉じこめ、自らの勢力下に置くことに成功しているかが、分かるであろう。

この寺院の僧侶たちは、このひとつだけではまだ不十分と思ったのか、われわれが祭壇の広間から出ると、彼らのひとりが、傍らの移動する扉を押し開けた。すると、中から厚化粧をした若い娘が出て来て、強制された微笑で、われわれにお辞儀をし、膝をついたかと思うと、われわれの足許に、身体を崩した。下劣な僧侶は、取り入るような様子をして、警備隊長のそばに近づき、催促するように彼の肩をたたいた。すると、警備隊長の方は、われわれの仲間で決めた合図に従い、ステッキを右の目の高さのところに上げ、左の目を意味深長にしばたたいて、自分に向き合っている者及びその同類に、ただちにこの場を退散するよう強要した。

そこから、われわれは、鎌倉の主要な名所となっている大きな銅像「ダイブツ」に出かけて行った。

ダイブツ、すなわち偉大な仏陀の像は、宗教的な観点においても、また芸術的な感覚から見ても、日本の天才により造られた、最も完成された作品ということができる。八幡宮が、すでに、わずかな手段で、大きな効果を上げるために、土地の芸術がいかに自然を巧妙に利用しているかというすばらしい典型をわれわれに示してくれた。大仏の像は、多くの点において、八幡宮とは違った性格を持っている。長い距離と広い空間の代わりに、超自然的な天啓に心を向けるような孤独な、秘密な避難所を造ることが必要であった。

道は、人家から離れて、山の方に向かっていて、最初、高い灌木《かんぼく》の柵の間を曲がり、次いで、前方に何もない一本道に出て、緑と花の間を通りながら山に向かって進み、山麓《さんろく》で、まだ目的地までかなりあるかのように、大きく曲がると、突如、並み木の奥に、手を膝に下ろし、頭を下げて坐り、瞑想《めいそう》直観の境地に入っている大きな銅像が見えてくる。

この巨大な像を見て起こる無意識の動揺は、まもなく驚嘆に代わってくる。この大仏の姿勢にはなんともいえぬ魅力があり、その体の調和と均斉さ、その衣の上品な素朴さ、その外貌の静けさ、明確さ、正しさも、また無限の魅力がある。

周囲のすべてが、彼によって発散されている明るい感じに、完全に適応している。よく茂った灌木の生垣の上に、数本の美しい木が聳えており、何ものもこの聖地の静けさと孤独を侵すものはない。ただわずかに、大仏の世話をする僧の慎ましい小屋が、茂みの陰に見えているだけである。祭壇の上には銅の香炉があって、少しばかり香煙を立てており、蓮の花瓶が二つ飾ってあるが、同じく銅製で、立派な作品である。祭壇の前の階段と広場は、表装石で張られて、正しい線で配置されている。青空、銅像の大きな影、花の光沢、各種の若葉、生垣と茂み——これらのすべてが、光と色の最も豊富な効果を出している。大仏の像は、その台と一緒にして、約二十メートル（六十六フィート）の高さを持っている。高さではラゴ・マジィオレの岸にある聖カール・バロメイの銅像よりはるかに小さいが、しかし、バロメイの銅像は三角形の前に立っ

鎌倉の大仏

閻魔大王

ているような、冷たい感じを与える。

仏教徒は、自己の宗教の創設者に対し、敬虔な観念を抱いていて、彼の外貌の特色を、主なもの三十二、第二義的なもの八十を列挙し、これをなんらの変化を加えることなく、将来の世代に伝えようとしている。

日本の仏像は、その外貌のすべてにおいて、偉大なるインドの改革者の、この人相書(こういう表現が許されるならば)によって、造られている。それによると、瞑想沈思の状態にある彼の姿が、極めて厳密な誠実さをもって再現されている。すなわち、この聖者は関節を直角に曲げて、両手を組み立てているのだが、その際、真っ直ぐ伸ばした両方の親指の先端が続くようにして、掌《て》を合わせており、東洋の風習により足を曲げて坐っているが、右の足の裏を左の膝の上に置いている。また、彼の額は広くて滑らかであり、頭髪は無数の短い巻き毛になっている。最後に、頭蓋《ずがい》や額の隆起が、左右極めて不均等であることが目につく。また、眉毛《まゆげ》は、金属の像では額の上の隆起としてしか表わされていないけれども、これもまた、左右不釣り合いである。

しかし、これらの特徴だけでは、個性を表わすことはできない。この点、鎌倉の大仏は、支那で礼拝されている仏陀と名づける醜怪な偶像に比べて、比較にならぬほど優れている。この事実は、重要なように思われる。何故ならば、仏教が支那から日本に伝わっているからである。

その様式において若干の差があり、その大きさにおいて決定的な差があるけれども、この日本の大仏は、インドから駆逐された仏教の避難所となったジャワやセイロンで見かける多数の仏像と、似通ったところがある。これらの土地では、直観悟道の英雄の形像は、敬虔な入念さをもって保存され、その大部分は、普通の人間の身長より低いものであり、かつ、玄武岩、花崗岩または砂岩で造られてはいるが、純粋な姿で表わされている。

このタイプは、特に、彫刻芸術に一身を捧げたセイロンの僧侶たちの不撓不屈《ふとうふくつ》の作品の中に保持されている。彼らの作品の様式の純潔さは、事実、ラファエロのマドンナのみがよく比肩し得るかも知れない。

第十三章　東海道

東海道――旅の方法――渡河の方法――富士山――関所――暗殺の舞台――茶店万年――川崎――大森――鈴ヶ森――品川

東海道は、日本の最も豊饒《ほうじょう》な人口の多い地点を南から東に延びている。蘭領インド商会にいたケンペルは、京都と江戸に二度旅行をし、東海道で、城のある大都会二十二、城のない小さな都市五十三を数え上げている。

長崎から江戸まで行くのには、二十五日から三十日かかる。普通、乗馬か、あるいは轎《かご》で旅行していて、この二つが日本の旅で用いられている方法である。

轎は二種類あって、ノリモン（乗り物）とカンゴ（駕籠）にわかれている。乗り物は、大きくて重い箱でできていて、その中でゆっくり坐ることができるが、遠くへ行くには、少なくとも四名の担ぎ手が必要である。乗り物の壁は漆を塗った木材で、窓のついた二つの扉がある。乗り物は主として高貴の人々に使われるが、贅沢《ぜいたく》な装飾は一切許されない。駕籠は、四方が開け放しになっていて、竹で造った軽い担架以外の

駕　籠

何物でもない。この方は、二名の担ぎ手が、早くてしかも変わらない歩調で運んでいく。

担ぎ手は、二十分ごとに停まって、一息入れる。駕籠が空になった時には、交代で、長い棒のところを持って、ひとりが肩に担いでいく。品物や旅行者を運ぶ馬の方は、普通、手綱を腹帯に結びつけて、馬子の背後から首を垂れて歩いていく。日本人は、馬に蹄鉄《ていてつ》を打たず、藁沓《わらぐつ》を履《は》かせるが、しかし、この藁沓は、一日ともたないので、棄てて、新しいのと替えねばならない。このため、遠くへ行く時には、多くの藁沓が必要になる。同じように歩行者も、藁で作った草履《ぞうり》を、新しいのと代えるため、日本の道路は人や馬の足の保護に奉仕した藁屑《わらくず》が散らばっている。

東海道は、数ヵ所で、入り江や急流のため遮断されている。京都から江戸の間は、最も美しい土地である。この間、二度、舟に乗ることになる。美しい大津湖の南部を渡る時と、伊豆の駿河湾を渡る時である。

川について述べると、土地の建築技術は、芸術的には優れたものであったが、橋を架《か》けることはできなかったので、渡渉するか、底の平たい小舟に乗るか、それを専業とする渡し人の肩車に乗ることになる。この渡し人渡世は、父祖伝来の仕事で、ひとつの社会を結成しており、旅行者の安全とその持ち物の完全保持に対する責任を持っていた。頭にむすんだ手拭いと腰にまとった狭い布地がかれらの衣服であり、体の露出している部分は、日本の運搬業者がどこでもやっているように、文身《いれずみ》で覆われている。このような文身に採用されている題材は、歴史的なものに限られていて、例えば、竜と格闘している日本の英雄とか、地獄の最高法廷とか、自分の頭を切られながらも、敵の鎖帷子《くさりかたびら》に嚙《か》みついている異常な豪傑とかを描いている。

渡河に際しての賃銀は、必要とする人数によって、厳密に決められている。八人の担ぎ手による乗り物を利用することもできれば、四人の囲いのある担架、ふたりの囲いのない担架もあるが、大部分の者はひとりの渡し人で満足している。このひとりの

田舎の宿屋

大井川の渡し

場合は、旅人を頸《くび》のところに坐らせて、その足を握り、体の平衡を保つように要求しながら、静かな浅瀬を、ゆっくりと、しかし、自信のある足取りで渡って行く。そして、このひとつの方法が男にも女にも適用される。男も、女も、渡し人の要求に従いながら、煙草を吸ったり、気楽に、増水した河水の高さのことやこれからの旅路について、お互いに話し合ったりする。水が増して浅瀬を渡ることが不可能になると、高い河岸にある茶屋に留まり、渡し人が旅を続けることが可能になったと報せるまで、滞留を続けることになる。

江戸まで三日の旅程のところで、東海道は富士山の麓《ふもと》を通っている。毎年、数千の旅人が、長い列をつくって、この聖山に登って行く。かれらを、噴火口のところに立っている僧院の修道僧たちが出迎える。この噴火口は、紀元前二八六年に活動を開始し、最後の活動は一七〇七年に起こった。

東海道は、大きな野鳥の棲息する箱根の丘陵地帯を通っている唯一の道路であって、江戸から西方及び南方に延びているすべての道路は、この地点で、東海道に合流している。

したがって、東海道は、山地の狭い通過口になっていて、厳重な関所が設けられている。ここですべての旅行者は、自分の旅券を提示し、自分の持ち物については、政府によって配置されている役人の、検査を受けねばならない。高い地位を持ち、従者に囲まれている大名さえも、この規則を避けることはできない。こうした処置を採用しているのは、領地にこっそり武器を持ち込むことを拒止し、江戸に定住すべき、いわば人質にしてある重要な婦人の逃亡を防ぐためである。

箱根の山を通り過ぎて、東海道は、小田原の入り江に出て、さらに進むと、江戸湾に臨むオドンガヤ（程ケ谷）に達する。程ケ谷の次は、横浜の対岸、神奈川の街である。

この周辺一帯は、無防備な外国の旅行者に対する、二本の刀を所持する権利を認められている日本の有力階級、すなわちサムライ（武士）によって行なわれた暗殺の舞台であった。

英国の将校であるバルドゥイン少佐とビョルド中尉は、鎌倉の大仏の近くで、殺害された。

フランスの将校、カムス中尉の体は、滅多斬《ぎ》りにされて、程ケ谷の部落の入り口に曝《さら》されていた。

英国の卸し商人レンコックス・リチャードソンは、神奈川の近くにある茶屋の敷居のところで、最後の息を引きとった。

二名のロシヤ人将校とオランダ商船のふたりの船長ウオス氏とデケルト氏は、横浜の日本人街で寸断された。

英国公使館の日本人通訳とアメリカ公使館のオランダ人通訳ヒュースケン氏は、江戸の街で殺害された。

英国公使館は、夜襲を受け、流血の格闘の末、やっと全滅を免かれたが、二度目の襲撃で警備兵ふたりが殺されている。

タイクンの政府は、このような悲しむべき事件を遺憾とする旨を声明したが、それにもかかわらず、同政府は、つねに在日外国人を襲う危険を一層増大せしめるように傾きがちであった。そして、外国代表の長期滞在が、同政府にとって、苦しいものに

参内する将軍の行列

なってきた時に、はじめて彼に対する危険の声明が、根拠のある合理的なものであることをしきりに弁明するのである。

このような駆け引きの結果は、容易に想像することができた。すなわち、われわれの強要示威が最高潮に達すると、かならずアメリカ公使館を焼いた火事のような不幸な事件が起こってきて、各国代表は、それを口実に、もちろん、タイクンの首都における制限のない長期滞在を要求するのであった。

飛　脚

こうした情勢から、われわれの江戸における滞在は長期のものでないと見たので、われわれは、外交交渉の時間を利用して、短期間に市内の各所を視察調査する方法を検討した。そして、最後の決定条件は、毎日、同時に若干の地点が観察できるように、二隊または三隊に分かれて効果を上げるため、われわれの代表は、六名の専門家で構

江戸市中散策の図（アンベール『幕末日本図絵』〈雄松堂出版〉より）

成されねばならないということであった。陸路、江戸に行くためには、通常、日本の役人の騎馬による警備がつくので、彼らの集合地点を、横浜の住人が江戸湾の北側に向かって散歩を行なう場合の境界点である六郷川《ろくごうがわ》の渡河点に決めた。神奈川で、われわれのために準備された馬に出会ってから、われわれの自由の最後の時間を楽しみながら、東海道に出た。道路には、首都江戸に向かう歩行者、騎馬、乗り物や駕籠《かご》に乗った者が、後から後からと果てしなく続いていた。彼らは、いずれも道路の右側を通っており、反対に、引き返す者は左側を通っていた。

われわれは、茶店マンシ（万年）に辿り着いた。客人を歓迎するために、入り口は

茶屋「万年」

大きく開放されていて、畳は、色とりどりの旅客の群れで見えなくなっていた。壁の内側に、かまどがあって湯が沸いており、棚には食器や食糧が並べてある。敏捷《びんしょう》な女中たちが、右に左に駆けずり回り、優雅な物腰で、お茶や酒や焼き魚や菓子や果物を載せた盆を差し出していた。入り口の広くて低い床几《しょうぎ》の上には、職人や駕籠かきがいた。職人が扇で顔に涼風を送っている間に、女が、彼のため、共同の火鉢で、煙管《きせる》に火をつけてやっていた。

突然、客や女中たちの顔に、さっと驚きの色が走った。罪人を運んでいる役人たちの一行が、休息のために立ち寄ったからである。女中たちが、急いで両刀を差した旦那に、熱い茶と温かい酒を差し出している間に、雲助たちは、罪人を運んでいる駕籠というよりは檻《おり》を地上に下ろし、手拭いを伸ばして、背中の汗を拭《ぬぐ》っていた。駕籠は竹で編んであり、出口はどこにもなかった。竹の編み目から中の罪人を見ることができた。彼は全身を曲げており、その眼つきはうつろで、ざんばら髪をしていた。彼は投獄と監獄における拷問を運命づけられていた。

神奈川から、約二十露里のところに、川崎という小さな部落がある。この部落は、六郷川の右岸をこの粘泥の多い川の堆積した浅瀬まで続いていた。この浅瀬は、海の中に突き出ていて、江戸の港と神奈川の港の境界になっている。

川崎には幾つかの寺があるが、その中で立派なのは、ダイザ・グナワリ・ゲゲンシで、これは、日本における最も純粋な仏教建築のひとつであると、私は考える。

六郷川の渡河は、旅人や馬を無秩序に乗せた底の平たい大きな船で行なっている。われわれを警備する役人たちは、河の左岸で、われわれを待っていた。通常の挨拶があった後、われわれはそれぞれ自分の馬に攀《よ》じのぼり、大股《おおまた》な速歩で駆け出したが、初めのうちは、出鱈目《でたらめ》に列が乱れていたものの、そのうちだんだんとわれわれの隊列は整然たる姿を持つようになってきた。

東海道は、ヨーロッパの大きな道路に比較して少しも劣らないばかりか、全道を通じて、歩行者のための人道を持っており、しかも日陰をつくるよく茂った樹を植えて

日本における刑罰：罪人

罪人に訴状を読む役人

石責めの刑

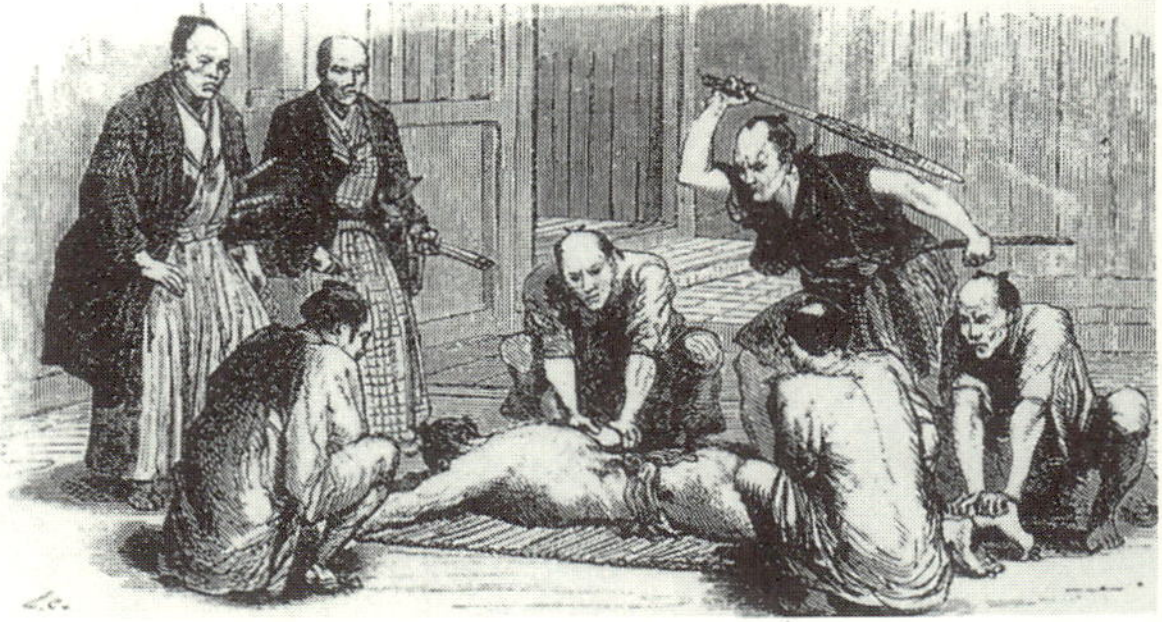

鞭打ちの体刑

磔の刑に処せられる親殺しの罪人

斬首の刑

ある点で優っている。しかし、この点、江戸の近くでは、他のどこよりも劣っていた。一日中降り続けた雨は、神奈川をはじめ、通過した多くの部落を水溜《みずた》まりにしてしまった。

ついに、われわれは、江戸の地区に入って、オーマラ（大森）の部落の沢山ある茶屋のひとつに一服した。そこで妻や家族と集まっている純朴な市民社会とぶつかった。服装は、もちろん、別にして、それは、わがヨーロッパの街はずれにある飲食店の光景にそっくりであった。幾つかのグループが、主として葦や藁《わら》や竹で作った製品を一杯並べている大きな商店を取り巻いている。この商店は、銀笛や喇叭《らっぱ》や横笛の支離滅裂な音で、遠くまで自店の宣伝をしていた。と思うと、多種多様な子供の玩具やいろいろな型の帽子、色のついた藁で編んだ動物が展示されていた。

だが、そろそろ出発せねばならない。港を覆っている白帆の姿がわれわれを急《せ》き立《た》てる。われわれは海岸に沿って進んだ。道は散在する大きな石の上に造られた堤防になっている。この石で砕かれた波は海草や葦で支えられている。われわれの左手に松や杉の林が続き、その上を鳥の群れが飛び回っていた。遠くに原っぱが見えたが、これは死刑執行場所の鈴ヶ森であることを知らされた。これは江戸の南にある刑場で、北にも別の刑場がある。見せしめのために曝《さら》されている首や犬や鳥の餌に供されてい

鈴ヶ森刑場

る屍《しかばね》に出会わなかったとしても、死刑囚の遺骸《いがい》を埋めてある新しい墓や、何か陰気な表題を書いてある石柱や、死刑の執行を監督する将校たちの休憩所を、嫌悪の情なくして見ることは不可能である。そして、これらのすべての上に、仮借なき処刑と無残な死亡の、陰気な表徴である仏陀の大きな像が聳《そび》えていた。

タイクンの裁判が自己の報復を民衆に示している場所を過ぎると、旅人は、最も忌まわしい評判のある江戸の前門、品川に入って行く。この品川は、江戸市街の南部から二露里のところから始まって、高輪《たかなわ》地区の門のところで、市街と接している。江戸に向かっている外国人及び江戸に住んでいる外国人に対し、政府は、昼間以外は、品川を通過させないし、昼間通過する時も、厳重な警備の下に通過させるという警察的処置を採用している。もっとも、この土地の常住者は、温和な性格を持っていて、船頭や漁師や職人が多く、海岸近くの小屋に住んでいる。だが、東海道の両側には、怪し気ないかがわしい茶屋が立ち並んでいる。ここには、また、ヨーロッパやアメリカの都市にも充満している浮浪者の外に、日本の首都のみに見られる最も危険な階級がいる。それは、ローニン（浪人）と称するサムライの階級に属してふたつの刀を差しているが、武士としての地位を持たない連中である。かれらの中のある者は、立派な家庭に生まれたが、身を持ち崩して、自分の家族から別れた連中であり、またある者は、同じような原因で、国家的な勤務やどこかの大名の下で占めていた地位を失った人々である。それによって生活していた給料を失い、しかも、軍人以外の職業にはからっきし役に立たぬこれらの浪人は、大部分、貧民窟以外に、自分の住所を持っていない。その貧民窟での家賃も、最も唾棄《だき》すべき行為によって支払っている始末である。彼のもとに集まってくる連中が、すでに感染している街区に、新しい堕落を持ち込んでいる。かれらは一種の徒党を組み、浪人の頭《かしら》の厳重な容赦なき統制のもとに服しているため、かれらを、ある家族の復讐《ふくしゅう》や日本特権階級の政治的反目の武器に利用しようとして、血《ち》腥《なまぐさ》いことを企む者、秘密陰謀家どもが策動している。

品川地区は、夜の大部分を警察力に頼らねばならぬロンドン塔周辺の街区に似通っている。女までが道路に出て来て、遅れて来る旅人を料理屋に引っ張り込むありさまである。

浪人たちは、すべての人々に嫌悪されていることを知っているので、自分の隠れ家から外に出る時には、目のところだけを残して、頭部を全部、広い布でつくった頭巾で隠している。

こうした人物と隣り合わせに、高輪地区に、日本政府は外国使節代表の宿舎を設けたのである。

第十四章　ヨーロッパの使節代表

江戸の町──町の庶民地区──高輪の埠頭──ジョオ寺──ヨーロッパ使節代表の居所

「幸運を摑《つか》みたいものは、江戸に行け」という日本の諺《ことわざ》がある。だが、日本に住む外国人はこの幸運を摑むことが困難で、一部の外交代表者だけがタイクン政府の所在地に入る権利を与えられている。だが、これらの外交代表たちも、二、三年滞在すると、窮屈な条件に、重大な政治犯人とほとんど変わらないような取り扱いを受けていることに、気づくようになる。しかし、このような無作法な政策にもかかわらず、密偵の不断の監視による不愉快さにもかかわらず、オリファント、リンダウ、デ・モゲス、ルッセン、ゲイネ、スピース、クレイゲル及びラザフォード・オールコックの諸氏の報告には、すばらしい発見と詳細な観察が含まれていて、江戸社会の各種の階層に新しい光を投げている。

われわれは、江戸の面積、人口、区割りに関して、リンダウ氏の短いが、しかし立

高台から見た江戸の大名屋敷（アンベール『幕末日本図絵』〈雄松堂出版〉より）

派な記述に依らねばならない。あらゆる点で異常なこの都会は、リンダウ氏の証明によれば、八十五平方露里で、その中に百八十万の人口を擁している。なお、著者は一八五八年におけるこの厖大《ぼうだい》な人口の内訳を次のように分類している。商人及び手工業者五十七万二千八百四十八人、大名並びにその家族、従属者五十万人、タイクン及びその家臣が十八万人、宗教家二十万人、旅行者及び参詣人約二十万人、乞食及び賤民五万人。

南部の八区は、南は品川地区と境をなし、東は湾に臨み、北は大君の居城の最初の城壁があり、西は武蔵州の別荘地帯となっている。

これらの区を南から北に数えると、①シ

バ・タカナワ（芝・高輪）、②アタコスタ（愛宕下）、それから西へ、③メグロ・シロガネゲン（目黒・白金）、④アザフ（麻布）、⑤アカサカ（赤坂）、そこから東に、⑥アオイヤマ（青山）、⑦センダカタニ（千駄ケ谷）、⑧ヨツヤ（四谷）となっている。

江戸南部のこの八区は、下層庶民で占められており、昔ながらそのまま、野菜を作ったり、米を作ったりしている農民も多数いる。建物は、漁師、農夫、下層の職人、小さな小売商、下っ端の役人、中流の飲食業者等の貧しい家が多く、稀に、貴族の屋敷の塗装した長い塀が農村的な陋屋《ろうおく》ばかりの単調さを破っている。寺院や僧庵がいたるところに散在していて、高輪だけでも三十ぐらいある。しかし、寺院仏閣の所在地

江戸の波止場

といえば、当然、市の北部地区をあげるべきであって、ここならば、政府も、容易に空いている寺院を外国代表の居所として選ぶことができたはずであった。

一八五八年以来、江戸を訪れるようになった各国の代表は、大部分、海から船で江戸を訪れた。この際、ヨーロッパ人たちは、大艦隊が大砲発射の轟音《ごうおん》と共に上陸する威容を軽く予想していたが、現実になると、そうはいかなかった。威風堂々と江戸に入港しようと思えば、そうした予想が誤りであることに気づくに違いない。第一に、横浜から江戸に行こうとするものは、二百万近い人口を有する都市の埠頭《ふとう》に近づくため、普通考えるプランのすべてを変えねばならない。首都の港に近づくために航行する距離は、約十五海里である。したがって、この唯一の航路を徘徊《はいかい》する多数の船舶と出会うだろうと予想するかも知れぬが、しかし、そうしたものには少しも出会わず、海は完全にガランとしていて、わずかに、川崎の砂洲のかなたの漁船が次第にその数を増し、市街の近いことを知らせているだけである。

日本に来てみると、太平洋沿岸における海上貿易が欠如していることを痛感する。江戸湾に若干の帆船が航行しているが、かれらは決して外海には出ないで、浦賀あたりで荷物を下ろし、馬で、陸路、江戸に運んでいる。東海道その他の陸路が、江戸に栄養を与える動脈となっている。したがって、海路がガランとなればなるほど、東海道の往来は激しくなる。

われわれの軍艦が江戸に向かうことは、岸辺の漁船を除いて、他の船舶の注意を引かないばかりでなく、江戸の港が浅いため、市街から二マイルまたは三マイルも離れた全く人影のない所に投錨しなければならない。このような大きな距離では、軍艦の示威による効果も全くゼロになることは明白である。軍艦がいくら号砲を放っても、埠頭の岸辺を固めている砲台は返答もしないのである。

江戸における公式の上陸は高輪地区のゴトバン（埠頭）だけで行なわれたが、ここには艀《はしけ》だけしか入ることができなかった。

その上、ここでは、満潮の時を待たねばならなかった。でないと、膝まで泥にはまって、舟を引っ張り出すためにさんざん苦労せねばならない。

海から来る客に対し、江戸ほど無愛想なところはない。それはあたかも入場禁止の大公園みたいなものである。

高輪の埠頭は、太い丸太の柵に隠れていて、その柵の間にある入り口を入ると、杭《くい》に板を打ちつけた埠頭があり、税関の中庭に続いている。ここで、外国代表はタイクンの派遣した使者の出迎えを受け、両国の代表は馬または輿《こし》に乗り、行列をつくって税関の門を通り、東海道に出る。それから、十五分か二十分、男女の人垣の間を進むわけだが、かれらは、小売店や茶屋や付近の風呂場から駆けつけた連中で、極端に無頓着な服装をしており、極めて興味はあるが、こうした公式の場合には、全くそぐわないものであった。一行は、高輪の台地に出て、人通りのない寺町に入り、そして、最後に、外国代表の居館と名づける「監獄」の門を潜《くぐ》ることになる。

ジォオ寺（長応寺）が持ち主で、オランダ外交使節の居館となったこの建物は、オランダ国王陛下の使節によって、私の管理下に置かれることになった。この建物は、今まで空き家だったので、スイスの外交使節が江戸に滞在する時には、いつも使用していたものである。

私が初めてこの市にやって来た時、私は、国王の副官カゼンブロット中佐、オランダ海防艦の艦長メドゥズイに伴われて、私の居館に入ったのであるが、このメドゥズイ艦長は、その後、日本の封建派が、ヨーロッパの文化に反対し、長州公の砲兵部隊が砲撃する中を、海峡を通過した将校である。

これらの勇敢な将校たちと別れて、私は、日本の役人たちの間に居残った。私の同国人は三名いた。外交代表部の書記官ブレンワルド氏、同代表部員イワン・カイザー砲兵大尉及びジェームス・ファーブル・ブラント氏がそれである。

われわれは、必要な召し使いをベンタンから呼び寄せた。そして、居館の設備は、うまい具合に急速に片づいた。

もしも私がタイクン政府の安静を侵すことを恐れなかったならば、私は、夏の数ヵ月をこのジョオ寺に居残って、過ごしたであろう。この小さな空き寺は、他のお寺に囲まれており、しかも周囲の寺も大部分は空き家だったので、大都市の騒々しい市街が近いにもかかわらず、田舎のように閑静であった。東海道の方からこの寺に入る道は石段になっていて、入り口には両開きになっている大きな黒い門があった。

以前寺だったその中庭は、両側から木造建築に囲まれ、その間に、屋敷番の住居、守衛所、馬小屋及び乾草倉庫があり、門の反対側、中庭の奥に花崗岩の広い石段があ

江戸のオランダ大使館（スイス領事館）

って、そこを登ると、右手に第二の守衛所があり、左手に僧侶の住居がある。再び石段を上ると、寺院の前の庭園に出て、そこに第三の守衛所があり、その傍らに二本の竿《さお》が立ち、スイスとオランダの国旗がなびいている。

本館の正面は、いつも緑に覆われている灌木《かんぼく》に隠れている。回廊に近づくと、そこに、日本人の将校たちがいた。彼らの一人が、私にオランダ語で挨拶をしてから、私のもとで通訳として勤務するため、政府から派遣された者であると、自己紹介をした。自己紹介がすむと、今度はタイクンの家来のひとりであるわれわれの守衛隊長を紹介した。守衛隊長は、われわれを寺院の中へと、彼が設備した住居にわれわれ

江戸のスイス領事館の護衛（アンベール『幕末日本図絵』〈雄松堂出版〉より）

われを案内し、かつ、彼は夜もここに留まることになると説明した。この建物の奥、国旗の立っている方の側を、われわれは、台所とした。また、先ほどインドや支那を旅行して横浜にやって来た優れた写真家ベアトの小さな仕事場にした。

建物の奥の、もう一方の側には、大きな室が三つ続いていたが、そこを広間と私の寝室と食堂にした。この三室は外部を回廊で囲まれていて、この寺では最も静かで、涼しい場所であった。

菖蒲《あやめ》やヒツジ草が茂っている池が屋敷の中央にあって、隣の岩窟《がんくつ》から流れ出る水が注いでいる。岩窟のあたりは緑に包まれていて、現在にいたるまで、その面目を保っている古い石地蔵が立っており、小さな祭壇と鳥居がある。細い道が、流れを木橋で渡って、植木や石の間を通り、住居の上手にある垣根の方に続いている。ここは松の木蔭になっていて、石の腰掛けが置いてあり、そこから、寺の庭や建物ばかりでなく、その向こうに、港や港を守る堡塁《ほうるい》も見下ろすことができる。太陽が沈む頃、これらのすべてが美しい風景を構成する。空と入り江が鮮明な色に映え、丘陵の緑が瞬間的な閃《ひらめ》きで覆われ、池が紫紅色の彩りを呈してくる。やがて暮色が次第に濃くなり、多数の海の鳥がねぐらの方へ飛び去って行く。緑の集団が銀色の水平線上に黒い斑点となって横たわり、鏡のような水面に振動する星の光が反映する。

アメリカ公使館入り口

このころ、色紙で作った提灯《ちょうちん》を持って、夜警が寺内を隈なく見回るのである。日本人の守衛は、足許に提灯を置いて、平気で地上に眠る。彼らの一人は、広間に行く回廊の隅を寝床にし、もうひとりは、正門のところ、三人目は池の傍らの橋のあたり、四人目は、食堂の出口と鳥居の間、すなわち私の寝室の近くで眠るのである。

夜警は、自己の任務を几帳面に遂行している。彼の方に近づくと、彼は、「誰だ？」と叫ぶ。これに対して、夜の合言葉で応えることになっている。毎日、私は、守衛隊長から、日本語とオランダ語で書いた夜警の合言葉を受け取っている。

このような軍隊式な警戒の姿は、寝床

にいる時さえ私から離れなかった。私の寝室の障子を透かして、庭にいる夜警の提灯の火が見えるからである。だが、私の体の安全を常に守ってくれているということが、私に何よりも安心感を与えた。そのため、何ひとつ戸締まりをしなかったばかりか、戸を全部障子に取り代えてしまったほどである。

江戸で、最も古い外国人の居留地は、麻布区の赤羽ということができる。日本政府は、一八五八年に、ここを隊商宿泊地にした。ここは純日本式で、壁と畳と仕切りの外には、何ひとつ家具はなかった。ここに宿泊した人々は、ドンケル・クルティウス氏、プチャーチン提督、グロー男爵、オイレンブルク伯爵である。しかし、私が誤っていなければ、一八六一年以来、赤羽には誰も住んでいない。私は、その建物が今日まで存続しているかどうかさえ、確信が持てない。というのは、麻布区のこのあたりは、火災で、数百軒が灰燼《かいじん》に帰したからである。

アメリカの外交代表部は、近所のゼンフクジ（善福寺）にあった。私がそこを訪れた時には、寺院と鐘堂と若干の付属物が残っていただけであった。残りは全部、別の火災で焼失し、半焼けの建物と火中から運び出した品物が残っていた。救出作業の実情がどんなものであったかは、焔《ほのお》の中から投げ出した書物が、安全のために、庭の池の中に投げ込まれていたのを見て、評価することができた。

江戸の英国大使館（東禅寺）

フランスの代表部は、ジョオ寺から歩いて十分のところにあるサイカイジ(済海寺?)にあった。魅力的な場所で、一八六〇年、ここから市街の大部分や港が見えたが、これも同じように、デュ・シュン・デ・ベリクール氏及び僧正アバトの滞留中に火事に遇っている。だが、いち早く駆けつけた救援によって全焼は免かれることができた。

イギリス外交代表部の所在地、トーゼン(東禅)寺は、外国人居館のうち、最も壮麗であった。仙台公の所有物であるこの古い寺は、一八五八年、タイクン政府により、エルギン卿の使用に、提供されたものである。それは、ジョオ寺の南一露里、林や並み木の植わった高台に沿っており、竹、棕梠《しゅろ》、アザレヤ、しだれ柳、栗が、五十フィートから百フィートもある松と、立派な調和をしていた。しかし、この美しい地点は、どこもここも悲惨な事件の思い出に満ちている。旗竿の立つ麓《ふもと》は、日本人通訳の血を浴びており、正門、中庭、僧庵、代表部の一階は、一八六一年七月四日の夜襲で、恐ろしい格闘の舞台となり、四人が死亡し、十八人が負傷、一年後には、庭にある露台で、二名の英国水兵が暗殺者のひとりに致命傷を与えながら斃《たお》れている。

日本と条約を結んでいる各国の外交代表部は、当然、江戸におけるこのような状態を傍観してはいなかった。どのように行動するかを審議した後、かれらは、タイクンに対し、すべての代表部が、自己の防衛と安全保障のため、投錨中の軍艦と連絡できるよう要求し、大君の譲歩を勝ち取ることに成功した。

高輪区の南端、東海道や港や堡塁を見下ろす高台の上に、ゴテンヤマ（御殿山）と名づける公園がある。ここで、英国の外交代表部は、自分の思いどおりの建設を行なうため、市民や下級武士が、家族連れで、ここからの眺望を愛《め》でながら、茶や酒を飲んでいた松林や花の咲いている桃の木を、どしどし伐《き》りはじめた。すべてが平坦に地ならしされ、そこに新しい英国公使館が、その壮大な前面と典雅な回廊と美しい屋根を展示した時、江戸の貴族や市民たちに、将来における西欧諸国の居留地区の壮麗さについての理解を与えた。ところが、ある美しい冬の夜、突如、港が赤々と照り映え、御殿山で、あたかも、消されていた数千の灯火が一度に燃え上がったように、タイクンの都で、出来上がったばかりの最初のヨーロッパ人の宮殿が焼失した。このため各国の代表部は、始めたばかりの工事や計画を中止し、日本と親善関係を結んでいる各国の公使は、今日に至るまで、その居館を横浜に置いているのである。

第十五章　高輪と愛宕下

お城の方角への遠足――街頭の見世物――写真撮影の不可能――寺院――大名の屋敷――屋敷に立ち入ることの困難

われわれの居館から南西及び西方にある、市の南部地区の庶民的性格についてはすでに述べたが、これらの地区は、大きな農村都市の様相を持ち、お互いに田《た》ん圃《ぼ》道《みち》や二頭の馬が並んで通れないような細道で、連絡し合っている。

この地区で、われわれは、目黒区にある資格の高い寺院に出るただひとつの、よく整備された道路を発見した。江戸に住んでいるほとんどすべてのヨーロッパ人は、庶民的な方言でマングロと呼んでいるこの古い寺のことを知っている。付近に、よく整った茶屋が並んでおり、富士の姿で飾られた向こうの丘は、特定の季節、特に庭や垣根の花が咲きはじめるころ、江戸社会の下級階級に属する遊覧客の群れを引きつけている。

四谷区には、小貴族、すなわちタイクンの家臣である下級役人の住宅が多数散在し

江戸近在の茶屋

ており、隊付き将校や憲兵たちの乗馬訓練のための馬場がふたつある。その代わり、高貴な屋敷や目立つような寺院は、何ひとつ見当たらない。

千駄ケ谷もまた、同じように、寺院もなければ屋敷もないが、ふたつの僧庵が目についた。ひとつは、人造の富士山で飾っており、もうひとつは、巨大な松の木蔭に、大きな墓標が二つ三つ立っていた。最後に、青山は、高輪《たかなわ》と似通ったところがあって、いくつかの大きな僧庵や貴族の住宅が見受けられた。

しかし、われわれは、こうした南部地区から出て、より多く興味のある地区を発見しようと切望した結果、視察調査を北に向けることに決定した。日本製の立派な江戸

寺院の鐘楼

の地図に基づいて計画を立てた後、われわれは、ある好天の日、われわれのもとに派遣されている役人たちに対し、お城の方に向かって徒歩による大規模の遠足を試みたいと声明した。

　この知らせは、彼らにあまり歓迎されなかった。彼らは乗馬で外国の客に随行し、逞《たくま》しい馬に乗って、首都の街路を通行することを好んでいた。それだけに、徒歩で散歩することは、彼らの趣味に合わなかったし、こうした場合、西方への好奇心から、どんなことが起こるかも知れないので、彼らの警戒は、常時緊張していなければならないからである。

カイザー氏とファーブル氏は、ジォオ寺の守衛所における夜話で、守衛隊長の厚意を獲得していたので、この際、彼に、途中、気晴らしをさせるというううまい考えを思い浮かべた。そして、両名は、足で歩く癖をつけるため、この機会を利用するように、守衛隊長を説得した。このため、彼の部下である役人たちは、自分たちの即興的な指導者の命令と行動に従うのが、自分たちの義務であることを納得した。

江戸の市民たちは、サムライ(武士)が、いつもと変わった歩き方をしているので、立ち停まって眺めていた。一方、サムライたちも、時折、横目で、自分の足先に満足そうな視線を投げた。そして、時には、広い絹の袴《はかま》を軽く持ち上げて、下着の方に払いのけ、ほとんど裸の腓《ふくらはぎ》の美しい線や草鞋《わらじ》を履いた青い木綿の足袋をのぞかせた。

役人たちは、行進が進むにつれて、漆《うるし》を塗った重い陣笠を取って、腰のところに楯《たて》のように結びつけ、それから、普通、胴着の襟と頸《くび》の間に挿している扇子を取り出して、

平服の旗本武士

それを庇《ひさし》の代わりに使い、剃《そ》り上げた額の上にある腸詰めのような格好をした前髪の辺りに翳《かざ》した。

このような風景は、われわれ自身の服装も周囲に適合していたということを付け加えないと、完全なものにはならない。

江戸は、ヨーロッパ人が流行にとらわれない唯一の都会ということができる。宮中に出かける時とか、祭日の儀式の場合を除き、自分自身の好むままに、着たり脱いだりすると共に、隣人に対しても、それと同じように、行動する自由を与えている江戸の厖大《ぼうだい》な人口に浸み渡っている実情に、反抗することは不可能である。

それ故、われわれの姿が、ヨーロッパのどこかの住民たちに憤激を呼び起こすものであったとしても、タイクンの首都においては、いささかも意に介せられなかった。われわれを見た彼らの好奇心は、頂点に達していたが、しかし、それはわれわれの服装に対してではなく、彼らが指差しているのは、喫烟者の葉巻きと腰にぶら下げた拳銃だけであった。

高輪の下町と海岸通りは、朝から晩まで多数の人々が群がっていた。

この区の定住者は、私にはただひとつの仕事に従事しているかのように思われる。すなわち、彼らは、あれこれの方法で、出発する人々や到着した人々から税金の差額

江戸の街の見世物・角兵衛獅子

をとって暮らしている。こちらでは煙草を刻んで売っているかと思うと、あちらでは米を砕いて、餅《もち》を作っている。いたるところ、何の覆いもしてない台の上や張り幕の下や無数の飲食店の棚の上に、酒、茶、干し魚、西瓜、各種の果物や安価な食糧品を並べており、苦力《クーリー》や駕籠《かご》かきや船頭が客を呼んでいる。

高輪の茶屋の前では、歌手や舞踊家や巡業曲芸者が出演している。歌手の中には、ある程度、警察の監視は受けているが、特殊の権限を持っている階級があって、彼らは広い帽子を両側に曲げてかぶっていて、いつも二人連れまたは四人連れで歩いている。ふたりが踊る時には、ふたりが音楽を奏するわけで、音楽家の方は、三味線をひきながら、訴えるようなロマンチックな歌を歌うのである。

日本の横丁の人気者である曲芸者は、まだ小さな子供で、曲芸を始める前に、鳥の羽根を詰めた厚い頭巾を頭にかぶり、犬の顔をした赤いマスクをつける。かわいそうなこの子供たちは、親方の単調な鼓の音に合わせて、背を曲げたり、伸ばしたりしながら、奇怪な頭と人間の四肢を持ったふたつの動物の滑稽なそして非常に空想的な格闘を演じて見せた。

われわれは、高輪の北部を通っている、東海道から分かれた長い道路を南から北に向かって、まっすぐに進んだ。

この道をどこまでも進むと、江戸における社会生活の鋭い特性を持った三つの地区に入って行くことになる。

われわれの住む寺院がある高台の向こうに定着している人々は、自分の家で各種の手工業に従事している。工場は、遠くから表現力に富む看板でそれとわかる。履物の形に削った板や着物の紙型がぶら下がっているのもあれば、大きな傘を日除けのように店の上に吊《つる》している所もある。さらに進むと、大小さまざまな藁帽子《わらぼうし》が、屋根から扉のあたりまで、糸に通されてぶら下がっていた。われわれは数分間、鎖帷子《くさりかたびら》や鉄扇《てっせん》や刀剣を造っている武器商や刀剣商を見た。

警備隊長が先に進もうと提案した。われわれの進んでいる道路は、だんだん人通り

江戸の薩摩屋敷（アンベール『幕末日本図絵』〈雄松堂出版〉より）

が少なくなる。われわれは貴族の家がある地域に入っていった。

右側には、薩摩《さつま》公所有の公園が美しい影を落としており、左側は、播磨《はりま》公の屋敷の塀になっていた。その角を曲がると、建物の正面に出た。

ベアトがこれを撮影しようとすると、突然、二名の将校が飛び出して来て、すぐ撮影を中止するよう要求した。メトマン氏が、彼らに、彼らの主人がほんとうにそのようなことを欲しているのかどうか、聞いてみてくれと頼んだ。将校たちはこの要求を入れて、数分後に戻って来て、「自分の屋敷の撮影は、一切許せない」と伝えた。ベアトは、丁寧にお辞儀をして写真機をしまうと、将校たちは、彼の留守中に、すでに二枚撮っていることに気づかず、満足そうに立ち去っていった。

この場の目撃者である警備の役人たちは、メトマン氏の狡猾《こうかつ》な成功に親しい賞賛の言葉を送ったが、しかし、タイクンの城や墓地を撮影することには、断乎反対した。この反対には、われわれも手の下しようがなかった。

墓地の垣根の中に入って行くことさえ、断念せねばならなかった。われわれは、高い宝塔と暗色の杉の茂みを見ただけであった。われわれにできるすべてのことは、この聖地の背後に沿って通り過ぎることであった。

われわれは、ヒュースケンが暗殺された橋を通って川を渡ると、左に火災で焼け残

盲人の組合

った赤羽の家々をあとに、弓の射的場のある広場に出た。この方向に、タイクンの船着き場がある。この船着き場は、城の堀の水を入れている溜池《ためいけ》の中にある、アマゴテン島に造られている。アマゴテンは平行四辺形の島で、二つの橋がかけられているが、一般の者は入れない。一つの橋は、愛宕下《あたごした》に、もう一つは、京橋に続いている。

われわれはさらに北方に進んだ。愛宕下の全区域は、右に、商人街を除いてアマゴテンまで延び、大名屋敷や高級官吏の住宅があり、左は、愛宕山の麓《ふもと》に及び、広い川が寺町と商人街を分けている。

大名屋敷または貴族の居館を、われわれは、誤って宮殿と名づけているが、その差は、広さと長さに過ぎない。最も贅沢《ぜいたく》な点も、最も簡素な点も、同じような建築様式と同じような性格を持っている。塀に続いて、召し使いや主人の警護員のための建物がある。

これらの建物は、二階建てで、長目の四角形をなし、共同の屋根を持ち、同じような壁で囲まれている。窓は低くて、同じような間隔に配置され、木製の格子で閉められている。第二の内部の塀は、第一の塀と中庭で隔てられている。ここに、いわゆる宮殿がある。正門と露台が、池とそれを囲む新鮮な緑と陰影を持つ庭に、突き出ている。

この静かな、何か近づきがたい居館に、大名が、法律によって定められている首都滞在の六ヵ月間を家族と共に閉じこもっているわけである。

われわれは、外部から見ることができたので、日本貴族の居館の条件を評価することができるわけである。ヨーロッパ人は誰ひとり、この屋敷の門を潜《くぐ》った者はない。大名に模範を示すべきタイクンの大臣たちは、外国の代表を自分の居館に決して入れない。個人的な交際は異常に制限され、外国使節の引見は、相手の地位に応じ、いずれかの政府の建物で行なわれている。こうした場所に、海岸にある二つの海軍学校や愛宕下の西北端にある勘定奉行所（大蔵省）が使用されている。こうした建物は、大名屋敷と同じような外見をもっている。

第十六章　城の周辺

大君の城――クラダ（桜田）区――大君の警護――武士の軍事教育――剣術道場――婦人への剣術指南――刀剣の誇示――井伊掃部頭の襲撃

愛宕山《あたごやま》からの眺望は、この厖大《ぼうだい》な都市の四分の一に過ぎない。視線は、北の方、大君の城の石垣に注がれる。われわれは、城と共に市の中心部を形成している城の周辺の地区を、次の日に見ることに決めた。

われわれの新しい行程は、大君及び封建貴族の居館によって占められている特別の地区に限定されねばならない。それは次の四区である。

① クラダ（桜田）、または外桜田、永田町
② 番町、旗本の地区
③ 駿河台、飯田町、小川町
④ 大名小路、大名並み木

町人街を後にし、愛宕下区の南部と桜田区の北部を結ぶ橋を渡り、第一の城壁、す

江戸の大名屋敷風景

なわち城の外堀に出て、そこから西に向かって、城の西側から番町区を通過し、駿河台区を経て内堀に入り、ここで北から南に転じ、大名小路を通って、再び桜田区、すなわち出発点に戻ってくるわけである。

　このプランを、われわれは、四時間の歩行で遂行した。われわれの前に、二世紀半にわたり権力者タイクン（大君）が居住している宮殿と要塞の塔が、秘密な石の迷宮が彎曲《わんきょく》しているかのように、展開されている。その全景は偉大である。しかし、心に冷たい印象が残る。権力掠《りゃく》奪者《だっしゃ》家康《いえやす》によって創設された日本の政治機構は、十頭会議によって支配されたヴェニス共和国の暗黒政治を思わせるものがある。その暗黒の度合いは、ヴェニスの場合ほどひどくないとしても、あらゆる恐怖手段を行使している。あらゆ

江戸の剣術道場

る管理機構において、公然と組織されたスパイ網が陰険で執拗な活動を行なう秘密政治は、暗黒の壁に、追放、暗殺、大量処刑の歴史を塗りこめている。

タイクンの政治には、芸術的趣味が決定的に欠如している。宗教、社会生活、文学その他、政府の重荷にしかならないものは、すべて民衆に任せてしまった。官吏たちは、いずれも、間諜《かんちょう》または統制監察者的な性格を持たされていて、彼らの知的才能は、他人に密告の口実を与える恐れのあることは何ひとつやらないように、一切口にしないように、自らを鍛錬した。彼らの個人生活についていうならば、彼らはすべての日本の貴族と同じく、家庭という要塞の壁の中に閉じこもって、外部との接触を極力避けた。これに対して、町人の家庭は街頭に開放され、彼らの住む街路にはいつも老幼男女の群集が充満していた。ところが、貴族階級の住む街路には、女や子供の姿は見えず、わずかに格子窓の影や女中部屋から、ちらっと顔をのぞかせるだけである。

このように江戸には、二つの社会が存在している。一つは、武装した特権階級で、彼らはあたかも広い城砦《じようさい》の中に立てこもっているかのようであり、もう一つは、武器を取り上げられて、前者の主権の下に屈従させられているものの、見たところ自由に、あらゆる便宜さを享有しながら生活している。

だが、江戸の市民の上には、鉄の弾圧が重くのしかかっている。タイクンの政府は五人組制度を設け、この不公正な規則で、一個人の犯罪に対し、全家族、全区民を処罰している。特にひどいのは、市民の生命がなんら法律的な保障を受けていないことである。その反面、両刀をたばさむ権利を持つ連中の乱暴と無作法な行為は、多くの場合、処罰されずにすまされている。

城の南部における第一線の大きな防衛陣地を形成している桜田区は、東方の番町との接触地区を除いて、四方を水で囲まれている。十個の弓形をした橋が広い堀に架《か》けられている。南の橋が城門に続いていて、道路は砲台と内部の矢倉の射程内を通っている。タイクンの精鋭部隊がわれわれの通った城門のあたりを警備していた。

民間の裁判官

切腹の場

日本の士卒

日本軍の武器についていえば、それがどこで製造されたかによって、口径も、構造も一定していない。私は、ある役人に案内されて、ベンタンの兵舎の武器庫に行ったことがあるが、そこで四種類の小銃を見た。最初に、その役人はオランダ製の銃を見せ、次に、このオランダ銃を見本にして、江戸の工場で製作した下級品とアメリカの銃を持ち出し、最後に、若い将校が、兵舎の庭で兵士たちの教育用に使っているミニエ式の銃を示した。私は、彼を自分のところに招いて、猟銃とスイス製の騎銃を見せた。すると、彼の数名の同僚が、彼と一緒に私のところに押しかけて来た。彼らの検査と観察が終わった後、その中のひとりが、「この銃は、われわれの知っているものよりも、射程距離において、射撃の正確さにおいて、優れてはいるが、装弾装置をもっと完全なものに改良する必要がある」と、いった。

彼らは数日前、プロイセンの海防艦ガーゼリの陸戦隊の兵士の所で、針発銃を見て

叙任の式

将軍麾下の大将・侍・小姓

いた。これは一八六三年のことで、当時、誰もプロイセン軍の装備に注意を払わなかったことを指摘せねばならない。

このように、速やかに西欧の銃器に対する知識を広めていったにかかわらず、日本人は、今日にいたるまで、古い封建的な武装を放棄することができない。弓、槍《やり》、刀が、検閲や大演習の必須条件になっている。

すべてのサムライは、幼少の頃から、槍や刀による肉弾戦闘を教わっている。われわれが通った一つの区だけでも、乗馬や剣道を教えるために造られた二ヵ所の馬場と数ヵ所の建物が存在していた。剣道の先生や生徒たちが、面をつけ、籠手《こて》をはめ、木刀や槍で、稽古をしているところを見ると、私は、ドイツの大学の武道場を思い出す。

先ほどの試合で、なお昂奮《こうふん》しているサムライたちは、絹の外套《がいとう》（裃《かみしも》）を払い除け、胴着を肌脱ぎにして身軽になると、黙ったまま、真のゼントルマンにふさわしく、威儀を正して進み出るのである。試合には単なる見物人であったところの上級武士のひとりは、室の空気には全然適応しない制服のままだったが、稽古を終えたものは、肱《ひじ》まで達する木綿の籠手を着けなくてもよいことになっているので、それを甘い口実にして、その籠手を両刀の柄にぶら下げていた。彼のこのような姿は、どこからか迷い込んだマネキンのように見えるのだが、彼は少しも気にしなかった。

私は、しばしば役人たちの剣道試合に出席した。試合を始める前、お互いに相手に向かって丁寧にお辞儀をする。お互いの刀が十字に組み合った場合、守勢の方は、敵の打撃を受け止めるために、片膝で立つことが少なくなかった。跳びかかるごとに、芝居のような見得を切り、表情たっぷりなジェスチャーをした。攻撃に際しては、双方から掛け声をかけ合った。審判者が中にはいり、誇張した口調で、勝負を判定した。休憩になると、元気をつけるためにお茶が出され、試合が新たな熱気を帯びて再開される。

日本の貴婦人に対してさえ、武道の教習所が存在している。彼女らの武器は、ポーランドの鎌にちょっと似たところのある彎曲した槍（薙刀《なぎなた》）である。彼女らは、それを刃の方を下にして持ち、一定の法則に従って扱うのだが、ポーズを取った身振りと調子を合わせた動きは、立派なバレエの主題になりそうである。半開きになっていた門の隙間からこっそり覗《のぞ》いていたが、この均斉のとれた見物を長く観賞することはできなかった。同行の役人たちがその門を閉め、婦人の武道稽古を第三者が見物することはこの国では許されないと、説明したからである。

日本の貴族たちは、武器の装飾を、自分たちの贅沢《ぜいたく》な趣味であり、誇りであるとしている。特に、刀剣については、その鍛え方も一様でなく、鞆《つか》や鞘《さや》には、豊富な飾りがついていて、金銀細工や象嵌《ぞうがん》が施してある。旧家の大名のところにある刀剣は、いずれも幾多の戦場で血を吸った歴史的伝統を持っている。新しい刀は、そのまま手をつけずに、購買者の手にとどまっていない。刀の所有者は、その刀を人間の血で洗う機会が来るまで、それを動物で試すか、よりよくは、罪人の死骸《しがい》で試している。

出仕姿の大名

刀剣を、長い歳月、依然として勇敢の象徴であり、貴族出身の証拠としている日本の紳士たちにとって、西欧の火器が与えた恐怖は、想像に難くない。

タイクンは、役人の中から選び出した青年たちを長崎に送り、オランダ人の将校の指導下に、火器の取り扱い方を勉強させた。彼らが、首都に立ち帰り、兵舎に入って、新しい歩兵部隊の教育を始めた時、以前の同僚たちは、彼らの裏切りを責め、ついには激昂《げっこう》の果て、武器を持って彼らを襲い、双方に数名の犠牲者を出した。こうしたことがあったにかかわらず、刀剣の価値低下は、もはや疑うことができなかった。伝統

将軍に謁見される大名たち

将軍に属する大寺院の内部

の力がいかに強くとも、新来の武器に対する反感がいかに大きくとも、民主的な武器は、平等に導くその本質によって、次第に日本に取り入れられていき、それと共に、社会的革命の避け得られないことも、今や疑う余地がない。もっとも、社会革命は、封建制度の代表者の反抗によって、全く無成果に終わってはいるが、その萌芽はすでに現われている。

封建党の指導者たちの行動自身が、破滅を促進するに違いない。江戸における宮廷内の陰謀、政治的暗殺が、怖るべき速度をもって増大している。最近二十年の間に、数名の大臣だけでなく、二人のタイクンが、相次いで、強制された死によって、死亡している。

一八六〇年、同じような運命のもとに、ゴタイロオ(御大老)、執政で幼君の後見役、井伊《いい》掃部頭《かもんのかみ》が死亡した。彼の宮殿は、桜田区の北部の、広い堀に向かった高台の上にある。この辺りには、クラダ(黒田)、イアモジロ(山城)、安芸《あき》、周防《すおう》、大隅《おおすみ》、信濃《しなの》、シモサ(下総)、備前《びぜん》、タンガ(丹後)、若狭《わかさ》の諸公の宮殿がある。一八六〇年三月二十四日、午前十一時、執政は、乗り物に乗り、四百ないし五百名の警護の下に、桜田門に差しかかったところを、十七名の浪人よりなる一団に襲撃された。双方激闘の結果、二十名の警備兵がその場に仆《たお》され、五名の謀叛人が武器を手にして死亡、二名が

有馬侯邸の外壁（アンベール『幕末日本図絵』〈雄松堂出版〉より）

切腹、四名が捕虜となり、残りは逃亡したが、その中のひとりが執政の首を布に包んで持ち去った。

その後の噂《うわさ》によると、この首は、陰謀の張本人である水戸公の住んでいる州の首都で曝《さら》されていたといわれたり、京都の内裏の建物の前に置かれていたともいわれていたが、最後に、井伊掃部頭家の人々が自分の宮殿の庭園で発見したとのことである。おそらく夜中に、塀の外から投げ込んだのであろう。

桜田区の南部は、すべて、タイクンの親類である紀州と尾張の宮殿で占められている。これらの宮殿は、一般大名たちの居館と同じような形式を持っている。

番町の住民は、城に勤務する官吏、職

人、大工と、貴族及びガタモト（旗本）と称するタイクン直属の将校である。

私は、この番町区で七つほど大名屋敷を数えたが、その中で最も広大な屋敷は、タイクンの命令によって破壊された。これは長門《ながと》の大名の居館であって、この大名は、公然とタイクンに反旗を翻していた。話によると、彼はミカドを奪取して（もっともこれは失敗したが）、自分の州の要塞の一つに迎え入れ、聖戦の旗印の下に、軍隊を集めようとしたとのことである。長門の大名の家来たちで、江戸に居残っていた者は、一部は寸斬《ずんぎ》りに斬り殺され、一部は、破壊された居館の残骸《ざんがい》と共に埋没されたと聞いたが、私はそれを信じない。

しかし、最高の権力に対する叛逆は、その責任者を処罰し、その財産を没収したばかりでなく、その家族や家来まで処罰したことは事実である。

第十七章　江戸の商人地区

警告――本屋――狡猾と執拗――家屋の建築様式――床屋――履物屋――海産物屋――魚屋

日本政府は、私に対し、首都をわれわれが歩くことは、危険であると警告した。こうした予告があった後、われわれは市内調査を急がねばならなかった。というのは、われわれに対して、故意の妨害を加えようとしていることが明らかであったからである。

江戸の地図を見て、三十区のうち、やっと三分の一を回っただけであることが分かり、最後の観察場所となるかも知れぬ、まだ見ていない地区を急いで選択することが必要であった。私は、一番多く興味があると思われる地区を選び出した。それは、江戸において最も大きな橋、オーバシ（大橋）をめぐる地帯である。

われわれは、東海道を馬で行くか、または満潮の時、われわれの艀《はしけ》で行くかして、かなり速く海岸通りに出ることができる。この橋を中心として、右でも左でも行くことができ、右に行けば人口稠密な商業地区であり、左に行けば、本所の工業地区である。

私がすでに、われわれの探検プランを作成していたとき、ある突発事件が、私にわれわれの案をさらに検討させただけではなく、この案の重要性を全く理解していなかったことを気づかせてくれた。

メトマン氏のところへ、プロイセンの公使館員で、横浜に居館を持っている二名の知人が訪ねて来た。彼らは、滞京中、好機を捉えて、ミカドの宮廷記録とタイクンの公式年鑑を入手したいというので、メトマン氏は、朝食後、彼らを書店に連れて行くことになった。私は、メトマン氏に、ついでに私のために、日本の文学・芸術作品のうちで面白そうなのを探してきてくれと依頼した。

これらの諸氏が役人に伴われて書店に出かけたところ、本屋は、棚にあった京都の記録を彼らに勧め、本店の方に江戸の年鑑もあるといって、隣の室に出て行った。役人のひとりが彼の後について行ったが、まもなく両人が戻って来ると、本屋は、口籠《くちご》もりながら、彼のところにはこれ以上販売する年鑑はないといった。公使館員のひとりが、「それでは、ほかの店に探しに行って下さい。私たちはここで待っているから」というと、この言葉に役人たちが動揺して、街頭で相談を始めた。そして、本屋の不

江戸の本屋

江戸の薬問屋

在は続いている。この間、三人の外国人は、葉巻を吸いながら、店にいた男の子に、腰掛けるために箱を持ってこさせ、店にあるすべての絵画の出版物を畳の上に並べるように依頼した。かれらは、それらを眺めて選択し、値段を聞いた。戻って来た本屋の主人は、地面に届くまで頭を下げ、深い溜息《ためいき》をついていった。

「年鑑は、近所の本屋にもどうしても見つかりません。といって、お城の方へ人をやるのは、この時間ではあまりにも遅過ぎます」

「なに、かまうもんですか。あなたのところの男の子をそちらに派遣しなさい。私たちは昼飯を持って来させます。年鑑を持って来るまで、私たちはこの店から出て行きませんよ」

　この声明に続いて、別の騒ぎが起こった。メトマン氏が、書き付けを書いて、警備隊員のひとりに、それをジョージ提督に手渡すようにいいつけた。

　一方、本屋の主人は、男の子を使いに出した後、継続された絵画出版物の検分に協力した。この検分は、ジョージ提督の派遣した四名の苦力が、われわれの食事の入っている蒔絵《まきえ》の小箱や籠《かご》を持ってくるまで続いた。

　昼食の品々は畳の上に並べられ、本屋と役人たちも一緒に食事をするように招待したが、彼らは、礼儀正しく断わってから、その場から少しばかり遠のいた。しかし、シャンパンの瓶が音を立てて抜かれ始めた時、われわれの間に、にわかに親近感が湧《わ》いてきて、泡立つコップが次から次に手渡されていき、店にいた者はもちろん、玄関の外にいた者にまで回っていった。

「あなたは、デザート代わりに、あなたの書庫にあるどのような作品で、私たちをご馳走してくれますか」とメトマン氏が、本屋の主人に向かって呼びかけた。

「あなた方は、私の店にあるものを洗いざらいご覧になりました」と、主人は答えて、「先ほど亡くなったふたりの江戸の画家の描いた一枚ずつになっている絵ならば、ご覧に入れることができます。これらは、画家たちが自分の家族に残した唯一の遺品なのですが、評価ができない品物として、米俵一つで私に譲ってくれたものです。なお、彼らが自分の画筆を試みた古い画帳があります。もしこの端《はし》た物があなた方のお気に召すなら、お買いになった本と一緒にお持ち下さい」

　メトマン氏は、苦力を呼んで、籠の中に、食器類と一緒に、買い取った書物や絵や画帳を入れ、持って行くように命じてから、本屋の主人に向かって質問した。

「このようにして、夜を過ごすために、私たちが毛布や夜具を取り寄せたものかどうか、あなたはどう考えますか、そうした場合、それについて、必要な処置を講じなければなりませんから」

この質問は、一同の笑いを呼び起こした。お互いに、囁《ささや》き合ったり、顔を見合わせたりしだして、店から外に出て行きはじめた。表では、この平凡な本屋に何事が起こったのかと、好奇心で覗《のぞ》き込む群集たちが、役人たちから数歩離れて半円をつくっていた。やっと、使いに出されていた男の子が、両手に本を抱えて戻って来た。本屋の主人は、客にお辞儀をすると、役人たちの立ち会いの下に、その書物をうやうやしく手渡した。それは、まぎれもなく、二冊の江戸の公式年鑑であった。

私は、メトマン氏の貴重な贈り物を、ひと晩中、眺め続けた。それは、三十冊の絵画出版物と一枚ずつになった多数の絵と古い画帳である。そこには、ドイツの中世紀の博物館から持ち出したような古い百科事典や、驚嘆すべき筆致で描いた南画風のアルバムや、どのような方法によったか不明だが、二色で描いた民衆風俗の描写があった。絹地や木質繊維の上に描いた多数の絵は、橋や市場や劇場や、江戸の労働者階級及び商人社会のありとあらゆるタイプを展示していた。しかし、何物も、二名の無名芸術家の遺品と比較し得るものはなかった。なぜなら、それは、一定の題材の中で、民衆の圧倒的趣味に対する理解を与え、日本画の現代的傾向を知る可能性を与えているからである。江戸の民衆を研究するための貴重な宝庫が、これらの街頭や公園に起こった情景を描いているスケッチの中に、含まれていた。私は、ばらばらになった絵

真昼時の江戸商業区域の運河風景（アンベール『幕末日本図絵』〈雄松堂出版〉より）

から、完成した作品百二点と未完成のスケッチ百三十点を取り出したが、この豊富な研究資料は、すべて、宮殿や貴族の住宅地区から離れて住んでいる社会階級を表現したものであった。このような掘り出しものは、錯雑した街路や、大川の両側の退屈な工業地帯を包む海岸通りや運河を歩いた時の、いかなる案内書やいかなる通訳よりも、私にとっては、非常に大きく役立った。

この工業地区は、東は、愛宕下区に続いているセンバシ（新橋）から始まって、オーバシ（大橋）まで続き、南は、本所から北部地区の境界まで続いている。

この地区は、南西から北東にかけて、キョーバシ（京橋）、ニッポンバシ（日本橋)、及びニッポン・キタの三区に分かれている。

ニッポン・キタは沿岸地帯だが、キョーバシとニッポンバシでは、河岸と島が民家によって大部分を占められている。そこには数十の居館や旗本の屋敷もあり、馬場から少し離れて、大きな西本願寺の建物や海軍の学校もある。

日本橋区は、中央にあって、面積四平方露里、五つの幹線道路が二十二の補助道路と直角に交わって、ほとんど同じ大きさの七十八の区画をつくっている。舟が航行できる運河が四方を取り巻いていて、十五の橋梁が隣接区との連絡に当たっている。これらの橋のうち、二つの橋が西方にあって、城を取り巻く広い堀にかかっており、東に五個、南に五個、

江戸の風呂屋

北に三個の橋がある。

北にある三個の橋のうち、中央にあるのが日本橋と称し、ここから区の名称が出ている。この橋は、日本における地理的距離測定の起点になっていて、東海道も、ここから起こっている。

各区画は、完全に同じような形をしているにかかわらず、城の近所にある屋敷町や封建領主たちの居館で受けたような、退屈な気取った印象は受けない。商人たちの家屋は普通木造で、街路に面した方は、庇《ひさし》付きの土間になっている。その庇は、瓦で葺《ふ》いてある。両側を、石膏《せっこう》で美しく飾った石板で囲っている。

日本橋にはいると、われわれの前に、床屋がある。その中で、あ

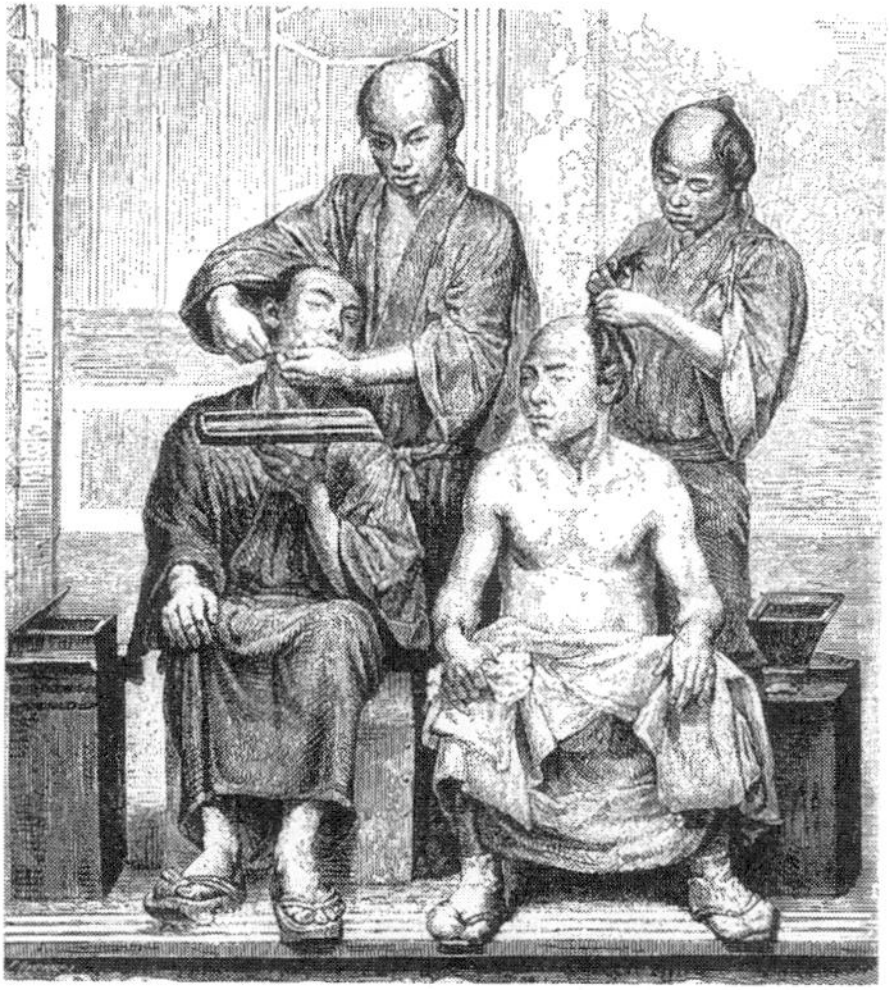

床　屋

草履売り

りふれた服装をしている客が二、三人、朝の化粧をしている。床几《しょうぎ》に腰を下ろした彼らは、左手で大事そうに盆を支え、剃刀《かみそり》や鋏《はさみ》が動くたびに、切られた髪がその上に落ちている。一方、動作に邪魔になるすべてのものを脱ぎ棄てた調髪師は、お客の頭の右や左に、体をかがめて、あたかも古代の彫刻家が女神の像を刻むように、あるいは手を、あるいは道具を動かしている。調髪師が口にくわえた絹の紐《ひも》を取って、腸詰のような形をした髷《まげ》の両端を固く縛る時にも、自然そうした姿勢になることを付け加えておく。

数歩離れたところに、履物屋があり、店一杯、藁《わら》で作ったサンダルを、同じように藁で作った紐でぶら下げている。自分の仕事台の上に、じっと坐っている店の主人は、巡礼たちによって、履物を供えられている石地蔵を連想させる。男女の客が、展示品の前に足を留め、主人に挨拶をして品物を取り上げ、寸法を合わせると、この主人の不動性を妨害しないように、その足許に代金を置いていく。

私は、ここで、価格の計算が鉄の貨幣で行なわれているのを見た。この貨幣百個で五十サンチームに相応する暗色の銅貨と等しい価格となっている。

われわれは、自分の商品を鉄の貨幣と交換するように運命づけられている、名誉ある業者の方へ移っていく。ここは、日本と支那の、貿易の主要品の一つとなっている食料海藻を販売している小さな商店である。昆布は、この島国帝国のあらゆる入り江に大量にある。この海藻は、海が静かな時には、真っ青な水に、濃厚なオリーブの豊富な色

江戸の魚市場

江戸の魚売り

調を与えている。漁師たちは、鉤竿《かぎざお》で海から採取して、自分の小舟に積み上げ、熱心に洗って、大量にくっ付いている小さな貝類を取り除く。陸地に揚げると、太陽で乾燥して後、選別する。それから梱《こうり》に入れて縄でしばるか、あるいは紙に巻いて包みにする。前者は積み出して卸売りにされ、後者は民衆の食料として市場に売られている。

日本において、海産物は何ひとつ無駄になるものがない、ということができる。普通、野菜のように使用するには不適当な味を持っているが、海波で岸に打ち上げられている海藻は、よく煮詰めると膠質《にかわしつ》の液が取れる。日本人は、それをヌリ（糊《のり》）と名づけ、いろいろな家庭的な用途に供している。また、江戸の日本人は、貝類を大量に費消している。

くらげ、なまこ等の発光虫は、乾燥したものを売っている。細かく切って米と一緒に食べるのである。

細長い特種な小魚があるが、これらは、太陽に乾燥する以外、なんの加工も加えず

焼きもの売り

に食べている。

牡蠣《かき》はたくさん取れる。日本人は、石で叩き割って、中身を取り出している。真珠がとれる鮑《あわび》の一種で、浦賀は、干した牡蠣を全国に配給している。こうした商品を販売する権利は、タイクンが専有しているといわれている。

中央の橋に近づくにつれて、人通りはだんだん多くなっていき、街の両側の店は、レストランや菓子店や酒屋に代わってくる。

われわれは、今、中央魚市場の近くにいる。周囲の堀には、漁船が停まっていて、ここで、舟から川魚や海の魚が陸上げされている。寒流や暖流からきた魚や日本の沿岸でとれた魚貝類や奇妙な形をした蝸牛（さざえ?）や蝦《えび》に似た動物がある。シーボルトが、ここで数え上げているところによると、六十二種の魚、蟹《かに》類と、二十六種の貝類があるとのことである。魚河岸自身が経営する魚市場には、買い出し人が集まってくる。昂奮《こうふん》している群集の中で力強い腕が、魚を山盛りにした籠を受け取ったり、苦力の箱に入れたりしている。時々、群集は、海豚《いるか》や鱶《ふか》等を入れた、長い竹籠を運ぶ二人の苦力に道を開いてやっている。

日本橋界隈で、鯨や鱶（まぐろ?）の肉を売っている商人たちのグループが、われわれを驚かす。海の怪物の肉を大きなナイフで切っていくのだが、大都会の厖大《ぼうだい》な消費力と無尽の海洋資源を痛感させる。

第十八章　江戸の橋

四つの大橋——水上の娯楽——音曲の夕べ——楽器——ギター（三味線）——琴

世界のあらゆる大都市のうちで、江戸は、その位置と気候と豊富な植物と流水のたくさんある点で、一番自然に恵まれている。

江戸は、二つの川の河口にあって、その一つは、本所の東岸を流れており、もう一つは最も人口の稠密な地点を北から南に横切っていて、本所と浅草及び商業地区を分けている。

七つか八つの堀のうち、二つが城の周辺を通って、溜池《ためいけ》及び江戸川に続いている。水門で給水している貯水場、池、堀、舟の通れる運河の網がお互いに連絡し合って、自然の流れとなり、市の商業の中心部を流れ、巨大な首都に民衆的な活気を与えている。

城の堀から海に注ぐ堀のうち、重要なものは、第一が日本橋を通っているもの、第二が京橋を通っているもので、商業都市の中心を流れている。

江戸で最も美しい眺めは、日本橋を最高とする弓形の橋である。南、水平線上に、富士の白いピラミッドが描かれており、右手、高台の上に、タイクンの居城の四角な塔が聳《そび》えており、同じ方向、日本橋の河岸には、絹、綿、米、酒の倉庫が並んでいる。左手、魚市場の彼方には、大川に注ぐ運河と街並みが、どこまでも続いている。木炭や竹竿《たけざお》、畳や駕籠《かご》や、箱や桶《おけ》や、大きな魚を積んだ幾百という長い艀《はしけ》が、あちらこちらと、すべての方向にある水路をすべっている時、街路は完全に、歩行者によって占められている。時たま、馬や車が通ることがある。これらの車は、車輪が二つあって、苦力が引っ張っている。舗道や橋を歩く木製の履物の高い響き、馬につけた鈴の音、乞食僧の手に持つ錫杖《しゃくじょう》の地ひびき、苦力の調子をつけた叫び、運河から聞こえてくる雑音、すべてが一緒になって、市街だけにしかない奇妙な調和を形成している。すべての大都会には、それぞれ独特の騒音がある。ロンドンでは、満ち潮のうつろな騒音が耳につくが、江戸では、寄せては返す波の囁《ささや》きに似ている。

大川は、江戸における交通の主幹である。この川の河口にある帆船の港は、イスカワ（石川）島と日本橋区の一部を形成する大きな三角形の島との間にある、すべての空間を占めている。イタイ（永代）橋は、同じ名前の運河に架《か》けられていて、三角形

江戸の永代橋

日本橋の商店街

江戸の日本橋

の島の北東の端と深川の西岸を結んでいる。

両岸の住民は、主として、下層階級である。二等級、三等級の若干の屋敷を除いて、労働者、船員、職人、小商人の家しか見当たらない。橋、広場、付近の街路には、いつも平凡な人の群れがうごめいていて、その大部分は、ここで慰安を求めている。子供たちが走り回り、橋の上や広場で、人が通っていようがいまいが、交通の邪魔になることなど一切お構いなしで、群れをなして遊んでいる。

オオカワ（大川）に架けられた四つの大きな橋は、ほとんど同じ間隔を保っていて、歩いて渡って約半時間かかる。

永代橋から上流に遡ると、大きな橋にぶつかる。大橋と名づけられている。四つの橋のうち、この橋が一番大きいからである。約三百二十メートルの長さがある。第三、第四の橋は、両国及び吾妻と名づけられ、大橋に比較して、数メートル短いだけである。これらの橋は、二十本の支柱で支えられていて、各支柱は、横桁《よこげた》で結ばれた三本の杭《くい》で造られている。吾妻橋から上流は、セミダ川（隅田川）と呼ばれている。

隅田川で囲まれている市の北端地区と農村の茶屋がある別荘地と連絡するため、ただ一つの橋があり、十六本の支柱の上に架けられ、センジョオ・バシ（千住橋）と名づけられている。この地区はよく開拓され、日本のブルジョアたちの郊外散策の好適地とされている。江戸の市民は、自分たちの立派な市街と同じように、イナカ(田舎)と呼んでいる郊外をも誇りとしている。というのは、どちらもかれらの最も大きな趣味——自然に対する愛情——を満足させるからである。彼らにとって、大都会の橋のたもとでの騒々しい娯楽が必要なのと同じ程度に、隅田川畔の木蔭が必要なのである。実をいえば、彼らは、嫌いなものが三つだけある。第一は、漁師や船員によって代表されている怖ろしい海難であり、第二は、僧侶の住んでいる厳格な孤立した場所であり、第三は、宮殿や大名小路を取り巻いている怖ろしい防壁である。できるだけ彼らは、これらのものから遠ざかろうと努め、自分たちの気晴らしを政府の監視から最も離れた場所に求めている。

これに対し、両国橋は、ブルジョアや旗本の夜の享楽の中心である。本所と浅草を結ぶこの橋は、あらゆる商業活動から完全に遠ざかっている。この地点の大川は、商人の船とは縁がない。しかし、小さな船なら自由自在に航行することのできる十分な深さを持っている。晴天の夏の夜、花火を満載した舟が、流れに沿って川面をすべりながら、空に、明るい火の縞《しま》や星のように散らばる美しい花束を打ち上げる。美しい色の提灯《ちょうちん》に飾られた遊覧船が、両岸の間をあと先になりながら浮かんでおり、にぎやかな一行を乗せた艀《はしけ》からは、三味線の音や歌声が聞こえてくる。しかし、両国橋の家

歌手と楽人

族または団体で乗っている艀は、支那の花船とは全くその趣を異にしている。この艀は、大部分、茶屋の所有品であって、時間で舟を借りているのである。

一般に、江戸は、広範な都市の特典がある上、市民が街路の往来に際しての秩序をよく守っている。ヨーロッパの都市では警察が力を注いでいるにかかわらず、このように秩序を保つことは困難である。

江戸の夕涼みの音楽について、ほんとうのことを打ち明けると、日本の音曲は何か奇妙で、ヨーロッパ人の耳にはどうもぴんとこない。音曲の基礎となっている音楽のシステムが、まだ不明である。日本の音楽は半調子のものが多く、しばしば同じような言葉を繰り返しながら、長音調から短音

大晦日の料亭（アンベール『幕末日本図絵』〈雄松堂出版〉より）

調に移り、最後は全く調子になっていない。したがって、日本の音楽芸術は、われわれが西欧において知っているものとは、決定的に合致したところがない。

日本の楽器もまた独自のものである。

民族的なギター、三味線は、三つの絃《げん》があり、長さ〇・二四メートル、幅は〇・一〇メートル、側面は木でできているが、表面と裏面は仔羊《こひつじ》の皮でできている。柄の長さ〇・六〇メートルで、軽い木を使っている。三味線の絃は、指を使って音を出さずに、象牙で作った篦《へら》を使用して音を出す。

日本の竪琴《アルファ》、琴は、大きさが一定していない。フェチス氏の言葉によれば、長さ〇・六四メートル、幅〇・〇九メートルのものから、長さ一・九〇メートル、幅〇・二五メートルのものまである。十三本の絃があり、楽器の両端で張ってある。この楽器を演奏するためには、象牙でできている人造の爪を右手の三本の指にはめればよい。

三味線と琴は民衆の最も愛好する楽器で、新婚花嫁の必需品になっている。

胡弓は、琵琶《びわ》よりも普及しておらず、共に三味線の篦《へら》で演奏している。

日本のクラリネットは、竹で作られ、八つの穴が開けられている。喇叭《らっぱ》と法螺貝《ほらがい》は、宗教の儀式だけにしか使われない。

打楽器には、二つのカテゴリーがある。ひとつは、銅または合金からできていて、多種類の銅鑼《どら》がある。形も楯型、丸型といろいろあり、音も鋭いのもあれば、非常に高いのもある。

シバヤ（芝居）は、日本の民族劇で、ヨーロッパのオペラと一部似たところのある戯曲を演出するに際し、上記の楽器のほとんどすべてを使用している。

第十九章　本　所

手工製造業の性質——僧侶と僧院——区の手工業と工業——本所——日本の仕事場へ立ち入ることの困難

大川の左岸に拡がる江戸の長い東部地帯は、三つの区を包含している。隅田区は、街はずれにあって、完全に農村的な性格をもっている。米作、野菜、広大な果樹園に恵まれ、川のほとりや、梨、梅、桃、桜等の果樹のある広い菜園には、茶屋が点在している。

あとの二区は、漁夫、船員、職人、商人を主とする多くの人口を擁していて、湾に沿った南部が本所・深川区、その北が本所区となっている。

本所区は、ある程度、手工業及び工業地帯となっていて、瓦や土器の工場、金物類の製作所、製紙工場、綿花精製工場、綿織物及び絹織物の家内工業、染物屋、呉服屋、畳屋等がある。

日本の工業は、今のところ、機械による生産を行なっていない。もっとも、この本

家庭の食事

所では、太い竹の管で水を引いた水車の動力を利用している作業場を持つ製鉄工場がある。燃料は、良質な木炭と石炭が用いられている。

婦人が家庭に集中しているあらゆる産業部門に参加している。日本には大規模な製作工場はなく、工場労働や工場街を知らない。労働階級の人々は家庭における各種の作業に従事しているが、腹が減って食事がしたい時とか、一服したいと思う時には、その仕事を中止する。一家庭で六人の男女の働き手がある場合、きっと、そのうちのひとりかふたりが、煙草を吸いながら、洒落《しゃれ》た小咄《こばなし》で、仲間の働き手に景気を添える。

このようにして、首都のプチブル層の特性である共同生活と明朗さと当意即妙さが培養育成され、世代から世代に伝えられてきたのであった。

本所・深川区は、正確な四角形に設計されている。南方は湾に面し、西方は大川と堺し、東方は小さな小川で区切られ、北方は隅田川区と運河で隔てられている。縦に、すなわち北から南にかけ、二つの運河が、また横に、すなわち西から東にかけ、三つの運河が、この区を切断している。

川によって切断されている江戸の沿岸の住民は、市の中心部とは違った特殊な世界を形成している。市の中心部と対立している本所区は、城内の大がかりな大名会議に関係を持たないし、また北部地区にある民衆の娯楽に供せられている賑やかな広場も持っていないが、しかし、ここには、もちろん、特殊な条件を持った商業や工業もあれば、寺院や屋敷や娯楽場もある。このため、一部の裕福な大商人たちがこの本所に住んでいて、その事務所を京橋や日本橋に持っている。ロッテルダムの裕福な船主たちが、住宅をヴェルカードに持ちながら、事務所をヴィジンストリートの倉庫に置いているのと同じである。

左岸における生活が比較的静かであり、広い土地を比較的容易に入手することができるために、多数の僧院の発達をもたらしたようである。その中には、若干の大寺院もある。この深川区の二十ないし三十の大寺院の中には、古代神道の二つの有名な天

五百羅漢寺の内部

満宮や八幡宮があり、仏教の寺院には、三十三丈の長さ、すなわち約六十六メートルの長さを持つ三十三間堂がある。四十以上の寺院のある本所区では、羅漢その他の仏教の聖者を記念する五百の天才、すなわち五百羅漢や、子宝観音が、特に有名である。この五百羅漢寺の等身大の木像の群像は、巨大な仏陀のある正壇の左右にある側壇に並べられていたが、地震のため、この聖像の列が滅茶苦茶に破壊された。すっかり形を壊されてしまった犠牲者たちは、隣の倉庫に収容され、荒廃した寺院は、今日に至るまで修理をされず、閉塞されたままである。ここから程近い別の僧院は、五百羅漢が表わしていたような禁慾主義とか諦観とかいった薄弱な基礎の上にではなしに、評判を高めている。この僧院は、年に二度、

大僧正への挨拶

江戸の選抜力士の公開演技を見せている。そして、このような宗教家の投機によって、いつも、社会のあらゆる階層の物見高い群集を僧院の広い庭に引きつけている。ここでは、あらゆる寺院や僧庵が、なんらかの宣伝広告を行なっており、多かれ少なかれ、独創的な奇怪さで人目を引こうと努力している。一例を挙げれば、本所のどの僧庵であったかもう覚えていないが、表門を入って、聖堂に行こうとすると、傍らに、半ダースほどの豚の像を花崗岩の台の上に配置してあった。見たところ、一般民衆は、信仰心を誘惑する新手を打つために、僧侶が考え出すすべてのことを、暗黙の中に、何の抵抗もなく、取り入れているようである。

若干の古い貴族の一家が、なんとかして、貴族社会や政府の役人たちとの接触からくる都心の煩わしさを避けようとして、本所に住居を構えている。ここでは、江戸城の壁が自尊心の高い大名の目障りにならない。

レンド氏の計算によると、本所及び深川の周辺は、その長さ十三露里から十四露里に達し、その表面積は十二平方露里で、うち三平方露里は稲田及び菜園で、五平方露里は大名の屋敷、一・五平方露里が寺院、同じく一・五平方露里が要塞及び政府の造船所、わずかに一平方露里だけが市民の住居地になっている。

市民の居住地には、絹織工場、瀬戸物工場、漆を塗った木製の家具、化粧品工場並びに彫刻、木工、指物類の作業場が見られる。

私は、一度も大理石で造ったものを見なかった。もっとも、内陸の山には大理石の採掘場がある。鳥居の円柱、灯籠《とうろう》、墓石、立像、仏陀や亀や狐の像は、花崗岩または上等な砂岩で造っている。木の彫刻師は、仏壇、祭壇、神輿《みこし》の形をした櫃《ひつ》や柩《ひつぎ》、寺院の欄間を飾っている象の頭や怪物の像、鶴、雁《かり》、蝙蝠《こうもり》、伝説的動物、半分雲に隠れた月、松や竹の枝等を刻んだ鴨居《かもい》を作っている。江戸の作業場で作られた大きな偶像は、金色の光背に包まれている場合が一番多い。

編物または刺繡《ししゅう》は、宮中の礼装上衣や長袖の着物を造る緞子《どんす》、または金銀の唐草模様のついた重たい布地に使用されている。

日本の婦女子のすべてが用いている帯は、婦人の服装の最も多様な付属品で、人の趣味や移り気で取り代えられ、非常な素朴さを誇示しているかと思うと、高価な生地《きじ》と贅沢《ぜいたく》な刺繍を見せびらかしている。胴の周囲を、繃帯《ほうたい》のようにぐるぐる巻き、背中のところで、よく考えた器用な結び方で締めている。再婚をしないと決心した未亡人は、着物の前で帯を締めている。婦人が死んだ時には、その死骸《しがい》に晴れ着を着せ、未亡人の場合と同じように前で締め、解くことができないように固く結んでいる。

役人たちの監視下にある作業場に入ることは容易でない。かれらの長官が見せると約束したにもかかわらず、私は、染物屋も絹織物や綿織物の工場も見ることができなかった。その代わり、卸売や小売りの商店は、店の奥まで詳細に見ることができた。訪問できたからといって、その商店を軽視してはならない。というのは、日本の商人は、概して、見せかけを好む人間ではないからである。優秀な商品を展示していないばかりでなく、反対に、客に掘り出し物の魅力を与えるため、それをしまっておくからである。こうした理由で、日本の工業の豊富さ、多様性、芸術的価値についての完全とはいえないまでも、それに近い理解を得るためには、商人街を歩き回るばかりでなく、毎日、かれらの商店を訪れ、隅々までくまなく掘り返さねばならない。このこ

彫刻師の仕事場

江戸の料亭と肉屋

とは、日本には市場がなく、それぞれの商店、それぞれの屋台店が、自己の特性を持っているため、なおさら必要である。ヨーロッパ人のために開かれた小さな市場のようなものがあることは事実だが、それは、居留民地区で販売するために集められた商品の見本の常設展示所と名づけるべきであって、ここが日本の工業を研究する場所であるとはいえない。

比較的発達の遅れている手工業からはじめると、まず第一に鞍《くら》の製造を取り上げることになるが、この鞍の製作は、皮革業に対する宗教的な蔑視の観念があるため、今日にいたるまで、低い段階に留まっている。こうした状態のため、特にタイクンと大名が、お互いに自らの騎兵や砲兵を改組しようと競争している時に、日本は、外国からの購入を余儀なくさせられている。現在、ドイツは、日本に皮革を供給しているし、オランダやフランスは、鞍、馬具、手袋を供給している。

絵のような美しさという点から見ると、軍馬の装備はそれを失っている。なぜなら、西欧の鞍は、そのすべての付属品を含めて、かつて、馬上の甲冑《かっちゅう》に身を固めた日本の将校たちの誇りとした絹の手綱や飾り総《ふさ》、漆器の鞍や鐙《あぶみ》に比較して、あまりにも無味乾燥だからである。

ところで、江戸で、かなり多種類の皮革商品、例えば、旅行鞄《かばん》、化粧道具、手提げ

呉服問屋・三井

袋、財布、煙草入れ、鷹狩《たかがり》用の手甲等を見かけたが、いずれも土地の工場で製造したものであった。

毛皮業は、支那では非常に発達しているけれども、日本では微弱である。蒙古民族は、毛皮にくるまるのを好むが、偉大な日本の子孫たちは、それを嫌っている。

筆の製造は、最高段階の発展を遂げている。値段も安く、獺《かわうそ》、穴熊、特に狐（狸《たぬき》？）の毛で作られており、その中でも、特に薩摩《さつま》で作られるものが堅牢さで優れている。

絹紐《きぬひも》は、馬具ばかりでなく、兜《かぶと》や胸甲等の軍装品や男女の衣服に使用されている。われわれのようなボタンやホックやピンがないので、紐は重要な役割を持っているわけで、絹の紐のほかに、麻、大麻、木綿、和紙等の紐もある。

籠《かご》、化粧道具、畳、筵《むしろ》、簾《すだれ》などは、藁《わら》、葦の茎、柳の若枝、竹などで造られる。簾は、普通、巧妙な透《すか》し細工にした花や鳥の絵で飾られている。

棕梠《しゅろ》の繊維は、立派な箒《ほうき》や漁師の上っ張りの材料に供せられ、家禽の販売者は、竹籠を使用している。竹籠には、いろいろな型があり、一般的な四角や丸いものから田舎の小屋や庭園の四阿《あずまや》を形取ったものまである。

第二十章　芸術品と工業製品

工業における日本人の芸術性――ガラスに描く絵

商人街の店に見本として並べられた工業製品が、どのように多種多様であろうとも、一貫した特性を示している点がある。私は、その特性を、たとえ専門家側の抗議があろうとも恐れることなく、上品な風格にある、と断定する。

江戸の製作者は、完全に技術家である。今日まで、彼らが人物を描く際に、必須なものであると考えている条件的な様式と遠景描写の不完全な知識を除けば、他の部分はほとんど非のうちどころがなく、ただ絶賛するだけである。その作品は、京都の作品に比べて、形式の簡潔さ、線の厳正さ、装飾の適切さ、自然に対する繊細な理解力において、特に目立っている。彼らが好んで取り上げる題材の花や鳥は、特に生き生きと描かれていて、その美しさと迫真力と調和には、心から感嘆するほかはない。また、仕上げの完璧な点については、江戸の作品も、京都の作品も、共に卓絶した段階にある。

江戸の銅器屋

私は、江戸の商店にあるすべての工業製品に、この一般的評価を当てはめようなどとは思っていない。そうしたことは専門家に任すべきであって、私は忙しい散策で得た知識を基に、若干の批判をしただけで、通過するつもりである。

美術品と工業品の店の前に、足を止め、覗《のぞ》いてみると、透明な水の中で細かな貝の臥床のあたりを赤い魚が泳いでいる、大きな陶器の養魚池のところで、好奇心にかられた男女の群れが見とれていた。水槽の中ほどにある満開中の花を持った選ばれた三、四本の植物が美しい集団を形造っていて、華麗な赤と均斉のとれた葉の輪郭と花と茎とが、それぞれお互いに見事な調和を保っている。毎日、庭師は、いわゆる自然の仕事を指導しながら、発育生長のために必要な限界を拡大したり、制限したりしている。一番重要なことは、空想が決して過大に誇張されないことである。この点、支那やその他の国では、この誇張が自然を侮辱しており、幾何学的な姿に刈り込まれた木や動物のような姿に配置された灌木《かんぼく》で、自然を埋めている。民族美術における日本人の趣味は、江戸と京都の二つの宮殿の条件的影響に従属することなく、その新鮮さを保持している。もちろん、いくつかの少年的なものを脱却していないため、すべての社会層が巨大な花や木や像に対する少年的憧れを持っている。

このような小児性は、日本の生活の中に、多く表われている。客の集まりに、陶器の帆船が持ってこられるが、その帆船は、すべて陶器で造られていたり、食堂の食器の一部が、薄くて透明な軽い磁器でできている豆粒のように小さなもので、指も触れられないものであったりする。

室の中には、しばしば、装飾用として、蝶や鳥の籠《かご》が吊《つる》されていて、その上に花の鉢植を置き、そこから茎が四方に下がっていて、その下で、あたかも樹木の茂みの中にでもいるように、巣を造っている。露台の天井から吊した提灯《ちょうちん》に、色ガラスの鈴をくっつけ、鈴の中の球の代わりに、長い金属製の棒を絹か木綿のリボンをつけて下げ、ちょっとした風でも、金属製の棒が鈴のガラスの壁をたたくようになっていて、その

江戸の花屋

音は、風琴の振動に似た不定なメロディを出している。

日本人は、窓ガラスや瓶《びん》の工場生産を知らないが、ガラスで香水壜、煙管《きせる》のパイプその他いろいろな品物を作ることを好んでいる。私は江戸で、ガラスに模様を描くところを見せてもらった。エナメルを使って書くのだが、画家にとっては大変な努力だった。独創的な珍品として、エナメルで描いた唐草模様の小さなガラス球を推奨すると、外国人は、頸飾《くびかざ》りに使うために買い、土地の人々は数珠《じゅず》にするため買った。

螺鈿《らでん》とエナメルは、金属製品に施す細かい絵を描くために使用されている。

鍍金師《ときんし》の芸術は、各種の品物に、うまく金の箔片《はくへん》を施すことであって、マスターの意見によると、こうした装飾を行なうものは、仏陀の円光や光背、劇場の看板の枠、祭壇の蛇腹などが、そのもっとも代表的なものである。

第二十一章　江戸庶民の娯楽

町の軽業師と京都の曲芸師――角力――日本の芝居と民衆劇場

工場街の掛け声や歌や器具の音にまじって、広場の両隅で、二つの曲芸師たちの一座が、叫び声や太鼓の音を響かせている。一つの一座は、青天井の下で、刀を呑《の》み込んだり、軽妙なとんぼ返りの演技を見せている。とんぼ返りは、支柱の上に、二つの輪を十字に交叉《こうさ》して立て、しかもその交叉点にそっと徳利を置いてあるのだが、輪はもちろん、徳利も倒れないように、二つの輪の間を自由自在に飛び抜けて見せるのである。中でも最高の呼びものは、二つの台の上に置いた、竹で編んだ二メートルほどの長い籠《かご》の中を飛び抜ける離れ業である。その際、観客の舌を巻かせるために、籠の中に、等間隔に四本の蠟燭《ろうそく》を立て、火を灯して置き、その上を驚くべき速度で飛び抜けるのだが、蠟燭の焔《ほのお》が消えないばかりか、揺らぎもしない神技を見せていた。籠の傍らの箱に腰掛けている演技者の美しい妻君が、夫の離れ業を賞賛し、その演出効果を増すために、演技に合わせて、自分の声や三味線で合いの手を入れていた。

曲芸師

もう一つの一座は、京都式の曲芸団で、演技は広い小屋の中で行なわれ、そこには、ほとんどが竹でできている帆柱に似た竿《さお》や横木が置かれていて、わが国の曲芸場にやや似通っていた。一座には、特定の喜劇俳優はいないが、座員の一人一人が道化役者で、時に応じて、滑稽な仕草をして見せるかと思うと息詰まるような妙技を見せるのである。ヨーロッパ人たちの目を驚かしたことは、これら演技者の衣裳が極めて簡単なことで、猿股《さるまた》というものをまだ知らない彼らは、二枚のハンカチがやっととれるほどの小さな布切れを用いているだけであった。彼らが大名や公卿たちの着用する冠《かんむり》に似たものをかぶっているのは、ユーモラスである。彼らは、この冠を演技の際も、決して取らなかった。そのため両手を胸に組んで立ったまま、体の平衡を失うことなく、足の指で地上から藁《わら》で作った笊《ざる》をつまみ上げ、頭にかぶせる時にも、この冠は着けたままであった。

江戸の市民たちは、劇的な興味が不十分なこうした曲芸師の演技をあまり好まないようである。彼らは、人と人との格闘、人と物的世界の法則との格闘を観客に与えるような刺激を求めており、彼らは、奇術者が大きな障碍《しょうがい》と重大な危険を克服して見せるのを好んだ。そして、何よりも彼らは、不断に、空想と奇蹟を満喫させるようなものを求めているのである。こうした各種の理由から、職業力士の興行ほど江戸市民の熱狂的関心を呼んでいるものは、他に見られない。

角力《すもう》は、日本民族の最も古くからある娯楽の一つで、力士たちの世界では、角力の起源は、第一代のミカド、すなわち神武天皇治政の第三年目の七月——キリスト生誕前六五八年——であるとされている。

力士たちの組合は、皇帝の庇護《ひご》を受け、政府の承認の下に、毎年、一定のプログラムを立てて、日本の主要都市を巡業している。固定した興行場所は、どこにも持っていない。一行を招待した都市や大きな部落で、演技のために造られる施設は、時としてかなり広い場所を占めることがあるが、その設備は、完全に一切の装飾を省いて

京都の曲芸師

肉屋の前の曲芸師

いる。力士たちの興行場所は、常にひとつの型が決まっていて、土間の外に、一列以上の桟敷が設けられることは稀である。桟敷は政府の人たちのため特別に造られたものので、すべての座席は男も女も一緒に坐るようになっている。群集は、試合が始まるずっと前から詰めかけてくる。勝負がどうなるかに熱烈な関心が注がれ、観客たちは、試合がよく見える場所を取ろうと狂奔するわけだが、普通、土俵の周囲の土間の最前列がそうした場所と見られている。群集が席に坐り終わらないかぎり、力士たちはひとりも土俵に上がってこない。力士たちはすべて支度部屋で待機していて、そこで着物を脱ぎ、長い総《ふさ》のついた絹の飾り帯をしめ、刺繡《ししゆう》をした前垂れをその上につける。この前垂れは、それをつける力士の生まれた土地の領主から贈られたもので、試合の始まる前と試合の終わった後で、着用することになっている。こうした準備には、大変長い時間が費消される。上級の力士は、帯を締めるのも、髪を結《ゆ》うのも、前垂れをつけるのも、すべて同僚の助力なしには、決して行なわない。力士の一人一人が、ポキポキ音を立てながら、手足の関節を調整し、それから、支度部屋の天井からぶら下がっている俵《たわら》に、体をぶっつけていく。最後に、塔のように作られた木製の矢倉の上で、太鼓の音が響き始めた。待ち切れなくて騒いでいた群集が静かになり、何か異常なものの出現を今や遅しと待ち構える。表看板に描かれていた姿が、すでに観客の好

角力の立ち合い

奇心を最高段階に高めていた。場内に現われてくるのは、普通の人間ではなくて、桁外《けたはず》れの巨漢なのである。

さて、最大限に着飾った小柄な監督(行司)が現われ、四方に丁寧なお辞儀をして、土俵正面に陣取り、試合に登場する力士の名前とタイトルを、明瞭なそして調子をとった口調で披露をする。再び太鼓の音が響いて、力士たち一同の入場を予告する。やがて、力士たちが、一人また一人と相次いで、両手を下ろし、頭を上げ、悠然と、観客のいる土間の方へ降りてくる。この壮大な行列に、驚嘆の囁《ささや》きが起こる。江戸における力士の入場のような儀式を、他国で行なうことは困難であるといわねばならない。ここでは、父祖伝来の幾世紀にわたる伝統の上に立っているためである。入場式の効果を上げている点では、英国の牧畜業者の場合もこれに匹敵してはいるものの、それは、反芻《はんすう》動物の入場式であって、人間の入場式ではない。

効果的な入場が終わると、力士たちは、二つの陣営に分かれて、土俵の左右に腰を下《お》ろす。土俵は、一アルシン（約七十一センチメートル）ほどの高さに盛り上げた小さな円形の台地になっていて、周囲を二列になった藁俵《わらだわら》で囲んであり、その上を覆っている屋根は、飾りのついた四本の柱で支えられている。土俵以外の場内は、すべて青天井である。四本柱のひとつに、魔除け（御幣）がかけられており、次の柱には、塩を入れた紙袋が下げられ、第三の柱には、名誉ある刀剣が飾られ、第四の柱の根元には、柄杓《ひしゃく》の浮いている水桶《みずおけ》が置かれている。

試合の始まる前に、四人の検査役が入場し、それぞれ柱の近くに席を取る。土俵に立ったままの監督（行司）は、長い絹の紐《ひも》のついた号令用の団扇《うちわ》を握り、土俵に登る両力士の名前を呼び上げる。しかし、試合はすぐには始まらない。巧妙に間を置くことが、日本の力士の主要な任務のひとつになっている。登場した両力士はお互いに向き合うわけだが、それは、いわば、試合前の顔見せに過ぎず、両者は再び別れて、柱のそばに歩いて行き、水を飲み、塩をつかんで、それを土俵の砂の上に撒《ま》くわけだが、これは失敗を免かれるための呪《まじな》いである。その後で、両力士は、向き合って位置につき、蹲《かが》んだまま、闘志をこめて相手の眼を注視する。十分に睨《にら》み合ってから、ゆっくり立ち上がると、再び塩袋や水桶のところに近づいて行き、帯がよく締められているかどうかを調べてみたり、腿《もも》や膝のあたりをたたきながら、最初に右足、次いで左足を上げて、力足を踏んだりする。そして、再び以前の位置につき、お互いに睨み合ったままだが、次第に闘志が盛り上がってゆき、腰も上がってゆく。突如、攻撃が開始される。一方の手が相手の手をはねのける。お互いに、相手の手が自分の手の背後に伸びることを拒止している。お互いに力が伯仲している時には、審判者は、引き分けを宣言し、力士たちは、休養のために退場する。

この角力の勝負は、私の見たところでは、俵で描かれた丸い線の外に、相手を突き出したり、押し出したりすることで、この線から踏み出しただけで、その力士は負けたことになる。日本の力士は、体力や敏捷《びんしょう》さだけではなく、自分の肉体の重みで、同じような肉体を持つ相手を押し出すことによって勝利を得ようと努力していた。

私は、日本の力士が土俵の上に倒されるのを一度も見なかった。息詰まるような格闘や荒業《あらわざ》は極めて稀にしか起こらず、自分と同じような巨漢である相手を足許にたたきつ《つ》けたり、高々と吊り上げたりすることは、ほとんど見られない。それに、格闘の中で、少しでも危険な兆候が現われると、小柄な行司が、それを防止するため、すぐさま試合に干渉を行なうのであった。もっとも、彼は、攻勢に出た力士が、相手の足をとらえ、敵をして一本足でよろめかす程度のことは黙認していた。こうした光景は、もうそれだけで、観客を極度に昂奮《こうふん》させた。勝ち名乗りを受けたものは、いつも人々から気前のよい賞与を受けた。人々は、勝ち力士に座布団や手拭いを投げつけるのであるが、力士は、後で、これらの品物の持ち主から、金銭を受け取るのである。有名になった力士は、資産家ばかりでなく、貴族の家にも出入することができたし、政府から帯刀の権利さえ与えられている。

さて、次に、日本の芝居と民衆劇場についての見聞を紹介してみるとしよう。

現代日本の大きな演劇、芝居は、貴族的な性格からは、およそ縁遠いものである。将軍を取り巻く人々は、演劇に反感を抱いていた。このため、芝居は、民族的な庶民的な演劇を発達させるための好個の条件に恵まれていたのである。ただ残念なことは、民族的な劇作家が独自の立場に立つことに馴らされていないため、完全に支那の劇作家の影響から脱却することができなかったことである。

芝居は、世間で最も愛好されているもののひとつである。芝居は、脚本の文学的価値においても、俳優の演技においても、支那の劇場に比肩することはできないが、しかし、詩的な価値においては、支那の劇場よりもはるかに優れている。というのは、純情な、人間的な性格を多分に持っているためである。支那においては、民衆が演劇を見て、俳優を批判するが、日本では、民衆が俳優と一緒になって演劇に参加し、俳優とその印象を分かち合っている。

芝居は、日本のすべての都市に普及しているが、しかし、その中心は江戸にあり、とりわけ、娯楽地区として指定されている浅草区に集中している。

江戸の劇作家は、主として、この地区の劇場のために作品を書いている。ここから、新しい劇作が全国に波及しており、本所の力士の一団が全国を巡業するように、浅草の劇団が地方に出かけている。この劇団は男性だけで構成されている。一般に役者は下賤な階級と見られていて、〝真面目な〟人々から蔑視されている。日本の市民は、西欧の市民と同じように、自分たちの生活が舞台に上演されることを好んではいるが、自分たちの生活を表現している役者を自分たちの社会から除外しているのである。

こうして、芝居は主として、日本の中産階級のための劇場となっているが、しかし、入場料が支払える場合には、多くの下層階級やプロレタリヤも芝居に出かけている。一般に、高級なブルジョア階級は観劇に出かけないが、出かけたとしても、極く一部のものが、格子で仕切られた桟敷に坐って、見なければならなかった。もっとも、あちこちと庶民の間にサムライ（貴族階級）が坐っていることもあるが、その場合、彼

芝居の一場面

らは、自分たちの身分を隠すことに苦心した。このような貴族の潜行者は、衣服を着換え、両刀を棄てて丸腰になり、頭から頭巾《ずきん》をかぶって目ばかり出し、自分の威信を傷つけまいとした。

俳優たちの顔ぶれは、いつも日没前に行なわれる。劇場の入り口の右側と左側に造られた足場の上に、劇団の代表者が出て来て、民衆に挨拶を行ない、その晩の演劇の内容とこれらの劇に出演する主な俳優を紹介する口上を述べる。提灯《ちょうちん》に火がともされ、いよいよ劇が始まるから急いで入場するようにと勧誘するわけである。

だが、誰も急いで入場しようとはしない。街頭の装飾が人々の関心を集めているからである。一階の軒先に、火のともった丸提灯の一列が並び、二階の屋根下にも、別の一列が明《あ》か明《あ》かと映えている。入り口の近くにある長めの大提灯には、上演する劇の主要場面の絵が浮き上がっている。建物の前面には、端から端まで、看板が掲げられており、そこには、屋根よりも高く突き立った幟《のぼり》がはためいている。それぞれの劇場が自分の紋章を持っていて、その紋章を、看板にも、幟にも、また提灯にも描き出してある。劇場を取り巻くすべての建物は、各種のレストランで占められているが、それらの外見は、劇場の外装と妍《けん》を競っており、その装飾の大きさにおいても、その芸術的な価値においてもひけを取らない。これらの装飾は、普通、それぞれのレストランの名称を形取った絵や姿を表現している。例えば、あるレストランは「富士」と名乗っており、別のレストランは「日の出」と称しており、また茶屋には、「鯛屋」とか、「船屋」とか、「鶴屋」とかいった名前がつけられている。

ところで、そろそろ入場の時刻になってきた。われわれは、木製の階段を登って二階に出ると、案内人が広い桟敷にわれわれを請じ入れ、やがて女中が、酒、茶、餅《もち》、菓子、煙管《きせる》、煙草を盆に乗せて運んできた。

場内は、長目の四角形になっていて、両側の客席のうち、二階席は、一等席で、絹物を着飾った人々が多く見受けられ、一階席は、ほとんど男性の客である。オーケス

芝居茶屋（アンベール『幕末日本図絵』〈雄松堂出版〉より）

トラのための特別の場所は設けられていない。土間は、遠くから見ると、将棋の盤に似ていて、幾つかの場所に仕切られていて、そのひとつひとつが八人の座席として勘定されている。これらの仕切りの大部分は、中産階級の人々が予約していて、家族連れでやって来たり、時には、地方から来た客をともなって来ることもある。土間の仕切りの持ち主たちは、お互いに知り合いが多く、余計な人数が出た時には、余裕のあるところが、快く座席を提供している。座席の間に通路がないため、自分の席に入ったり、隣の席に移るためには、坐って肩のあたりまでの高さにある横桁《よこげた》を越えなければならない。そして、この横桁から仕切りの中に降りるための足台がないため、男性が婦女子に手を貸している。このような光景は、開幕前の一般的な動きのうちの最も美しい風景である。

土間と両側の一階席との間に、舞台の延長としての役割を果たす板張りの廊下が通っている。入り口から見て右側にある廊下は比較的狭いが、左側のは四枚の板を並べたもので、かなり広く、ここで、花形役者や踊りの名手がその名演技を見せる場所になっている。日本の建築家は丸天井の造り方を知らないので、全く平坦になっていて、シャンデリヤは吊《つる》されていない。もっとも私は、横浜の劇場で、照明用に天井から大きな提灯が吊されてあるのを見たことがあったが……。

演技が始まるまで舞台を隠している幕には、大きな漢字が書かれてあり、その表面に、矢で貫かれた厚紙の標的が飾られてあったが、この表徴的な記章は、役者の名演技が必ず観客の心をとらえるとの予言を示すものだといわれている。

重い幕が静かに天井の方に上がっていき、楽団の一座が、太鼓、銅鑼《どら》、笛などを鳴らしはじめ、高い話し声はもちろん、低い囁きも中絶されていった。

演技は、普通、午前一時まで継続され、その間、喜劇や踊りのともなう幻想的なオペラや、曲芸や奇術を見せる二、三の幕間劇が上演される。舞台に主役を演ずる俳優が登場する時には、拍子木の音で伴奏するが、この拍子木の使い方が独特である。そ

奇術師

れは、二本の拍子木を打ち合わせて音を出すのではなく、一本一本、交互に、舞台の床をたたいて音をたてるのである。一般に、注目すべき俳優が登場する時には、先端に点火した蠟燭をつけた長い棒を持っている二名の付添人が同伴している。観客は、この二つの点火した蠟燭の複雑な動きを追うことによって、今、いかなる点を注目すべきかを知ることができる。すなわち、火の動きを追うことによって、俳優の顔の表情とか、その身振りとか、あるいは衣裳やかつらの細かい点を注意することになる。同じようなことが、舞踊の場合にも用いられている。

舞踊の場合、廊下（花道）に蹲《かが》んでいる付添人が指を使わなければならない場合、彼の持っている蠟燭を、付近にいる観客が代わりに持ってやるような場合が、しばしば見受けられた。

このような劇場の観衆の間における快い好意と親切さは、日本以外、どこにも見出すことは不可能である。劇の上演中にも、観客が俳優たちに注文をつけて話し合う場合がしばしば起こるが、これは、観客が、俳優と共に、お互いに満足するように、それぞれの立場から演技を成功させるために協力し合っているためである。観客の熱意と満足さが、俳優に対する入場料以外の気前のよい贈り物となって表明されている。あらゆる劇場において、俳優に対して、このような好意ある寄贈をした人たちの名前を書いた紙片を麗々しく貼り出している。

現在のところ、文学的観点から日本の劇場を評価する時期にまだ到達していない。日本の演劇脚本はまだ一つもヨーロッパ語に翻訳されていないからである。ラザフォード・オールコック卿は大坂で見た劇のことを詳しく書いているが、私は、ラザフォードの観察と自分自身の観察を綜合して、現代日本は、演劇芸術において、なお幼稚な段階にあると結論し得るように思う。

日本の劇場にある遊歩場や楽屋裏は、外国人にとって、演劇そのものや観客層に劣らず、興味のあるものである。ここで出会うのは、何か食べものを持ってくる女中や

花札遊び

俳優の妻君と、出演を前にして男装ないし女装している俳優の衣裳を見ようとする二、三の婦人を例外として、すべてが男ばかりである。したがって、楽屋裏は、「独身生活」の乱雑な風景を展開しているわけで、こうした一般的な乱雑さの中で、それぞれのグループが勝手な振舞いをしている。こちらの片隅で、楽団員たちが、監督の出演を促す声がかかるまで、周囲の一切に全然注意を払わず、夢中になって夕食を食べているかと思うと、傍らで、二名の俳優が、観客の眼を驚かそうとして、工夫を重ねながら、しきりに身振りの稽古をしている。あちらの鏡台の前では、別の俳優が、首筋に厚く白粉を塗ったり、女形のかつらを直しているかと思うと、その横に突っ立った俳優は、一座の親方がゆっくり煙草を吸っている間を利用して、顔から角の生えた鬼の面をはずし、扇を持つ手を動かして、涼風を入れている。

レストランの中は、えらい雑踏ぶりである。給仕女を例外として、すべての人が、畳の上に坐って、自分たちのグループ、自分たちの仲間で、飲んだり、食ったり、雑談したり、遊戯をしたり、銘々勝手放題なことをやっている。ここで行なわれる遊戯は、将棋をさしたり、双六《すごろく》をしたり、拳《けん》を打ったり、骰子《さいころ》を投げたりすることで、負けた方は、普通、なみなみと注《つ》いだ酒を飲まねばならぬことになっている。

劇場内では、食べ物が不十分なため、五幕目ないし六幕目ごろになると、煮魚《にざかな》や温かいご飯をたっぷり出すレストランが大きな魅力となる。観客たちは、見馴れた場面を犠牲にして、次のより珍しい演《だ》し物《もの》が始まるまで、平然として間食を続けている。珍しい演し物といえば、大抵の場合、曲芸や奇術であるが、一般の人々が劇場の自分の席に引き返していっても、脚本家や劇通及び演劇の愛好者たちは、かれらと行動を共にせず、レストランの離れの一室に移っていく。かれらにとって、神聖な演劇場が曲芸師や奇術師によって穢《けが》されるのを平然と見ていることができないためである。

この静かなレストランの離れ座敷の中で、極めて徐々にではあるが、若い作家が養成され、古い伝統の改変が行なわれようとしている。

いずれにせよ、政治的派閥の闘争が激化している今日、一般民衆は、どちらの派閥に対しても、いささかの同情も寄せておらず、派閥のどちらが勝利を得ようと、そうしたことには完全に無関心である。

第二十二章　祭りと祭日

寺院その他の年度祭——祭りに神秘的な意味はない——明神の山車——白象の行列——その他の行列

江戸の五つの地区、オトバ（音羽）、コイスカワ（小石川）、コマクメ（駒込）、イウジマ（湯島）及びスタヤ（下谷）を西から東に通り抜けると、江戸における庶民生活のあらゆる面が次々に展開されていく。

すなわち、稲田や畠のある西端から始まって、菜園、穀物、野菜等の加工に従事している住民地区を経て、工場街や小規模の商店街となり、さらに、市場や貴族の邸宅地区、公園、寺院と続き、最後に、下谷から大川にかけ、寺院や茶屋となっていく。

江戸の僧院のほとんどすべてが、自分のマツリである年度祭を行なっている。もっとも、中には、年に二度、祭りを行なうところもある。これらの祭りの大部分は、その寺院に寄進をしている街の連中や地区の人々だけが関心を持っているもので、いわば狭小な地域的のものである。しかし、特別の例外として、地区的な制限を受けることなく、江戸全市民の関心を集めている祭りもある。

江戸における祭りは、一般的にいって、民族的な神崇拝の最盛期における愛国的な壮厳さと洗練された簡潔さを失ってしまっている。

祭りの神秘的な意義は消滅し、道義的な感化力も下落してしまった。かつては、祭りのアクセサリーに過ぎなかった市場や娯楽的な催しが、今では、祭りの主要な対象となり、唯一の関心事とさえなっている。

それらの祭りには、古代の民族的な神の名称がつけてある。太陽の女神である——テン・ジォオ・ダイチン（天照大神）、月の神である——ソサノ・ウォノ・ミコト（須佐之男命）、水の神である——ミズノカミ、米作の守護神——イナリ（稲荷）、海の神——エビサ（恵比寿）、戦争の神——ガチマナ（八幡）などがそれである。しかし、これらの祭りの性格的な特色は、劇場的なけばけばしさとあらゆる種類の誘惑的娯楽になっている。一方において、音楽や舞踊や、曲芸や仮装行列や、野天劇や、提灯《ちょうちん》行列をやっているかと思うと、他方では、射的、競馬、角力《すもう》等の民族的遊戯や福引きをやっており、また至るところで、果物、魚、菓子、花等を売る屋台店の並んだ市場が開かれ、中には、扇子、日傘、麦藁《むぎわら》細工、提灯、子供の玩具といった一般の需要品まで売り出している。

山下の市

獅子舞い

天狗（作り鼻）の曲芸師たち

幟の節句

江戸のように、数え切れぬほど無数にある寺院仏閣の祭りの対象物をいちいち列挙し、詳細に記述することは不可能であるとしても、その概観を述べるだけで、祭りの持つ傾向を十分理解することができる。

五月の第五日（六月ないし七月）、人々は、伝染病に最もよく利くといわれている薬草を採集するため、朝早くから近郊の府中の森に出かけていく。森の入り口ににわかにできた市場は、信徒たちに対し、何不自由なく、この日を過ごすために必要な一切のものを整えて売り出している。

夜になると共に、近くにある「ロクザ・ミヤ」の神官たちは、突如、神社の大清掃を開始する。神社の清掃が行なわれている間、神体や神器は、森の中に移されることになり、

豊年踊り

王子稲荷・神官の踊り

盛大な遷御式が行なわれる。神体が移される場所の中庭や、入り口の大鳥居のところや、森の中の空き地や、十字路や、いわば遷御の列の通るすべての道程で、油ぎった材木による篝火《かがりび》が準備される。

合図の信号と共に、一斉に篝火に火がともされ、笛、銅鑼《どら》、太鼓の音と共に、遷御の列は色とりどりの提灯を連ねて出発する。群集が歓声を上げながら四方から駆けよって来ると、この騒ぎに驚いた何千という鳥が飛び立つ。

行列の先頭、楽隊の後に、古代の民族的服装をした馬丁が、神馬《しんめ》の口輪をとって進む。その後から、宮司と宝剣や戦利品を持った神職が続き、御幣《ごへい》をはさんで、朝鮮犬の顔を描いたマスクをした二人の人物や神官の一群が行く。そして、最後に、御輿《みこし》や神具類を運ぶ連中になる。

遷御式が終わると、篝火が消され、群集は急造市場の食堂や街に引き返す道路の方に散らばって行き、森は再び暗黒と静寂に戻り、驚いて飛び去っていった鳥たちも、一羽また一羽と自分の巣に帰ってくる。

第八月の第二十四日(九月から十月)、本所にある天満宮は、一匹の牡牛の引っ張る神体を載せた車が、江戸の中心街を練り歩く。この神社に寄進をしている有力な役人たちやこの神社に勤務する神官たちが先頭に進み、牛車《ぎっしゃ》を挟んで、後から神器を入れ

（上）森の中の夜の行列
（下）聖地を浄めて神殿に戻る

た櫃《ひつ》や長持ちを運ぶ苦力たちが歩いて行く。

東叡山《とうえいざん》の年度祭は、第十月の第二日（十二月から一月）に行なわれている。行列から帰ると僧侶たちは、民衆にお経の一節を読んで聞かせ、自分の手でたてたお茶を振舞い、無料で寺院の庭園を開放し、また第七日には、日本の古代史に題材をとった神楽《かぐら》が催される。

神田明神《かんだみようじん》の大祭には、神田はもちろん、江戸全市の信徒が多いため盛大で、そのなかに太閤秀吉《たいこうひでよし》も含む歴史的人物の仮装騎馬行列も参加している。行列を派手にするため、神官たちは、上級遊女の女たちも招待し、輿《こし》を連ねた貴婦人の供揃《ともぞろ》いに仮装させている。

明神の神体を載せた車は、二頭の牡牛と車につけた縄を持つ無数の信徒によって引っ張って行かれる。それから数歩離れて、物凄く大きな鬼の首を台に載せて運んで行く。善良な庶民は、巨大な角や乱髪や真っ赤な顔や恐ろしい牙を恐怖をもって眺める。より一層の演出効果を上げるため、並んで歩く僧侶たちが、法螺貝《ほらがい》を吹いて、吠《ほ》えるような唸《うな》るような音を立てている。さらに、その後を、英雄が鬼の首を切ったという大きな斧《おの》が運ばれていく。

明神の粋を凝らした行列も、大日本帝国の創設者である神武《じんむ》天皇を祭る山王神社《さんのうじんじゃ》の

明神の山車

神田明神祭・鬼の首の行列

年度大祭に比較すると、色あせたものになってしまう。山王の大祭は、江戸における最大の祭りである。この祭りは、第六月の第十五日に実施されている。

行列は、神々の忠実な番人であり、使者である天狗《てんぐ》によって先頭を切られている。天狗の微笑しているような面相、透視するような眼、赤紫色の顔色、途轍《とてつ》もなく長い鼻が民衆に朗らかな感じを与えるが、害意を持つものは、天狗の姿を見ると、居たたまれなくなって逃げ出すといわれている。そのため、行列は悪者に出会う危険もなく、安心して進むことができるわけである。

警官隊が出動して、民衆の整理に当たっていて、百万以上の観覧者が、この日は、整然たる秩序を保っている。行列が通過する街路や広場では、婦女子や老人のために観覧台が設けられ、有料の指定席まで造られている。しかし、行列が通り出すと、その場に立ったまま移動することはできない。ただ、果物や餅《もち》や茶や酒の立ち売りをする者だけは、行列の進む道路と民衆の間を隔離している縄張りを越えて歩く権利を認められている。

山王祭の行列は、あらゆる歴史的な追想と伝説や神話と民族的な風習を集めた百科事典ともいうべきものである。

内裏の神楽の一隊が進んで行く。古代京都の服装をした人たちが、花笠をかぶって、

山王祭

背の高い、飾り太鼓を運んでいく。

次に、白い象のいる行列が続く。厚紙で作った動物は、それを運搬する人たちの足で移動していく。その前をタタールの楽団が、笛や喇叭《らっぱ》やトルコの太鼓やタムブリンなどを演奏し、いずれも長い髯《ひげ》を伸ばし、先端に房のついた尖《とが》った帽子をかぶり、長靴をはき、なかには、袖《そで》のところに、支那式に、竜の模様を入れた長い上衣を着ているものもある。

さらに、でっかい海老《えび》が進んでくる。海老の上には、ひとりの神官が馬乗りになっており、この海老を担いでいるのは、黒人の一団である。

顔は虎だが、牛のような角を生やした奇妙な怪物が現われる。その巨大な胴体が、それを取り巻く武装兵の陣笠の上に、高く差し上

（上）海老、花魁、水牛、米の行列（中）白象、虎、牝龍の行列
（下）タタールの音楽隊

中道魁花の中列行の祭り

げられている。この怪物は、おそらく、朝鮮出兵において、虎のために殺された兵士たちの母親が、想像したものかも知れない。

このグループの中で、山王神社の武器庫にある古代兵器の槍《やり》や鉾《ほこ》、剣、弓や軍扇などが運ばれる。行列は、だんだん軍事的性格を失っていき、御輿や神器類が神社の職員によって展示されながら進んでいく。別の一団が、いろいろな模様や紋章のついた提灯を掲げて通る。その中に、新吉原地区の紋章も見える。

新吉原から選び出した七人の美女が、ひとりずつ、盛装を凝らして、しずしずと進んで行くのだが、その一人一人に召し使いが付き添っていて、これらの美人を太陽の光線から庇護《ひご》するために大きな絹の日傘を差しかけている。

彼女らの頭の調髪は、たかだかと二段または三段構えになっていて、広い櫛《くし》で支え、縮緬《ちりめん》で根元を包んでおり、さらに多数の透明なべっこうでできたかんざしで止めている。顔は、極めて巧妙な厚化粧に映え輝いている。彼女らの衣裳は、襟元に表われている五枚または六枚から見ても、相当のものだと勘定することができる。

それらの下着は、すべて広い着物と打ち掛けで覆われている。おそらく着物は、腰のところで膨らみをつけて、引き上げていなかったら、ずるずると地面を掃いたであろう。帯は絹または金襴《きんらん》でできている。

最後に、侍女たちは、こうした祭日に備えて、彼女らに高い下駄を履《は》かすことを忘れなかった。そのため、彼女の身長は、いつもより数センチメートル高くなっている。

この七人の上級遊女は、民衆の間によく知られていた。彼女らが通ると、人々は、彼女らの名前を呼んだ。もっとも、彼女らの名前は、その盛装の表面にも、刺《し》繍《しゆう》で表わされていたのであるが……。

こうした風景に出会った私は、山王の大祭が、彼女たちを自分たちの偶像と一緒に市内を堂々と練り歩かせている奇智に、頭を下げるばかりである。

第二十三章　浅草と吉原

浅草の礼拝堂――護身符の配布――新吉原――ガンキロォ

浅草・今戸地区には、百以上の礼拝堂があるが、その中で最も名高いのは、天国と地上とを媒介する不思議な力を持っているといわれる仏教の神、観音さまを祭ってある礼拝堂である。この礼拝堂があまりに有名なので、付近にある寺院はすっかり影が薄くなっている。

いつも植木や花の市場が立っている広場の北隅に、巨大な提灯《ちょうちん》を飾った大門が聳《そび》えている。この大門の左右に、天国の番人である朱色で塗られた木製の巨漢が立っている。

これらの偶像の目の前で、毎年大晦日に、下層階級に対し、無料で紙の護身符が配布されている。当日、大部分の僧侶たちは、自分たちの信徒の家を訪ね、自分たちに対するお布施を求めると共に、献納した人々の家の玄関に、悪魔退散のお守り札を貼りつける。苦力の階級やプロレタリヤはどうかというと、彼らもまた、同じような恩

寺の入り口での札撒き

恵にあずかるため、群をなして浅草の大門に出かけて行くのだが、事実また、そこに行けば、一文の支出もなしに、それを受け取ることができるのである。ふたりの僧侶が、大門のところに立って、神聖な紙片の配布に従事するわけだが、群集が殺到して来て、怪我をしてはならないので、大門の太柱に、しっかりとくっ付けた板の上に乗り、高いところから、粉雪が降るようにばらまくのである。そして、傍らにいる召し使いが、遠くまで飛んで行くように、大きな団扇であおり立てると、下は大混雑で、お互いにぶつかり合い、ひしめき合い、ある者は、飛んでくる紙片を空中で摑《つか》まえようとして飛び上がり、ある者は、地上に落ちているのを拾おうとして、地面にもぐるといったありさまである。

大門の背後に、キンジュサン・アサクサ・デラ（金龍山浅草寺）と名づける長くて広い通りがあって、数珠や蠟燭《ろうそく》や香炉や仏壇などを売っている店が並んでいる。

この通りの東端、蓮やその他の水草で覆われた池の辺りに、寺院が聳えているし、美しい水草の花や葉の間に、茶屋が点在している。通りの西端には、松の木影に小さな礼拝堂が見える。第二の大門の辺りは、小さな店や奇術師の小屋などで、ぎっしり詰まっている。第二の大門にも、第一の場合と同じように、天国の番人である二つの偶像が立っている。

観音堂の祭壇

灌頂（花まつり）

本殿は、多くの付属建築物に取り巻かれている。いわゆる浅草寺は、四十ないし五十の神殿から構成されている。観音を祭る本殿を取り巻く幾多の礼拝堂には、福の神の大黒《だいこく》、調和の神の弁天《べんてん》、戦の神の八幡《はちまん》といった、あらゆる民族的な神々が祭られていて、五重の塔が他の宗教に対する仏教の優越性を表わしている。本殿は、灰色の瓦で葺《ふ》いた大きな屋根のある壮麗な建物で、地上数メートルの回廊をめぐらしており、土台は石で造られている。

浅草寺の特色は、この寺の僧侶や多数の勤務者の色とりどりな服装と、儀式の華やかさである。特に盛大なのは、毎年行なわれる大清掃の儀式である。

浅草地区の一角に、新吉原という別世界がある。

晴着を着た七歳の女の子の手をとっている貧しい服装の女は、どこへ行くのであろうか。彼女は、観音の祭壇の前に一文銭を置いて、子供と一緒に稲田を通り抜け、東の方、新吉原の方へ向かって行く。丸一時間ほど歩いて行くと、彼女の前に、一郭を取り囲む石の壁が立っている。その中に入ることができるのは、北側の橋のある所しかない。そこには、広い屋根で覆われた高い門が内部の通りへの入り口になっている。酔漢がこの不幸な母親にいやらしい冗談を投げかける。彼女は自分の立場上、やむな

新吉原の廓内（アンベール『幕末日本図絵』〈雄松堂出版〉より）

くそれに答えるが、その声は震えている。辺りのすべてが彼女にとって恐怖である。労働者によって江戸の方へ担がれて行く美しい婦人乗りの輿《こし》は、密閉されている。街頭で行き交う人々は、誰一人として、お互いにお辞儀もしなければ、丁寧な言葉も使わない。ここを歩いている武士は、すっかり変装して身分を隠している。みすぼらしい小屋には、駕籠《かご》や輿を担ぐ苦力たちが住んでいる。大きな建物は浴場や飲食店や福引きや射的場である。子供を連れた母親は「ガンキロォ（岩亀楼）」と書かれた建物に入って行く。そして、そこから母親だけが出てくる。娘を五十円で売ったのだが、詳しくいうと、十七年間の完全な奴隷生活と交換したわけである。

子供を奴隷に売る原因は、多くの場合、父親の身持ちが悪いか妻子を追い出したためで、日本の婦人は、離婚によって何の補償も受けることができない。離婚された女は、二度目の結婚をする機会がない。社会は冷たい眼で彼女を見るので、彼女を引き取ってくれる親類がない場合には、乞食になる以外に生きる道はなくなる。そうした場合、娘を「ガンキロォ」のような遊廓《ゆうかく》に売って、餓死から免かれようとするしかない。

新吉原は、それぞれ平行四辺形の形をした九つの区割りに分かれ、西から東に延びている。そのうち、五区は門の右側に、四区は左側にあって、その間は、長い並み木路になっている。この美しい享楽地区の端

貴族向きの茶屋における接客

ガンキロォ（岩亀楼）における胡蝶の舞い

に、火《ひ》の見櫓《みやぐら》が立っており、近くに礼拝堂もある。新吉原のグランド・ダーマ（おいらん）は、贅《ぜい》を凝らした自分の客間を持っている。

新吉原は、外国人にとって、入ることは不可能であるが、日本政府は、港の料亭に、新吉原の遊廓（ガンキロォ）の、あらゆる施設を持ち込んできて、土地の者にも、外国人にも同じように利用することができるようにしている。ここにも、ほとんど毎日、軍艦や商船の乗組員たちが詰めかけている。このような婦人の忌まわしい奴隷化は、大変に遺憾なことである。

婦人の自由拘束は、それが自発的奴隷化の外見をとっている場合においても、依然として、あらゆる強制のうちの最も忌まわしい強制である。このようなことを、不可能になし得ない立法機構は、現世紀の誇りとする自由の原則に、背くものと言わねばならない。

訳者のことば

世界で一冊の露文原書

一九四〇年の秋、わたしはモスクワの日本大使公邸に建川美次大使と二人きりで住んでいた。アルバート広場からクレムリン城の方向に走っているコミンテルン街の左側の、とっつきにあった日本大使公邸は、帝政時代モロゾフと呼ぶ木綿王が、四百万金ルーブルの巨費をかけて、愛妾に造り与えた豪壮華麗な建物で、邸宅と呼ぶよりも、ちょっとした宮殿の観があった。

その宮殿に、大使が一階全部、秘書の私が二階ふた部屋使っても、まだ三階まで大小数室の空室があり、一階の奥にはウインター・ガーデンが作られ、南方の植物が繁茂していた。

大使とふたりというのは、字義どおりには正確ではない。日本から和食と洋食の料理人のふた組の夫婦者がついてきていて、大使と私の食事をつくってくれていたし、また同じ屋根の下には、ロシヤ人の使用人が十数家族も住んでいた。だが、彼らはほとんど公邸の地階に居住していたし、ひとどおり身の上話など聞いてしまえば、もう共通の話題とてなかった。

長い秋の夜、飲み相手、話し相手は、相も変わらず大使と秘書の私の二人きりであった。私は遅れている大使夫人の、来着の一日も早いことを願いながら、どうやら初旅の大使夫人に随《つ》いてくる、赤十字社の看護婦の人選も決まったとの知らせを、東京から受け取っていた。

そんなとき、アンベールの、この本の原書を手に入れるきっかけを私に与えてくれたのは、公邸の使用人の中で、風貌、人柄とも異色のある点で、私の大好きなリーザ婆さんであった。

もうそろそろ七十に手の届く老婆でありながら、銀髪が美しく大柄のリーザ婆さんは、元気な姿で毎日働いていた。もちろん、もう年が年だから、大使のベッドの清掃といった軽い仕事しか与えられてはいなかった。

日露戦争前、若い新婚の夫と、ペトログラードの日本大使館（当時本野一郎大使）の使用人として採用されて以来、約四十年間、日本大使館とともに生きてきた女性である。愛くるしい大きな目、豊かな頬《ほお》と中高の品のいい顔は、その輝くような銀髪とともに、他のもっそりした連中の多いロシヤ人使用人のなかでは、まるで一羽の鶴が鶏の群れの間に舞い降りたような印象を与えた。それに、なにしろ日露外交裏面史——大使公邸の、狭い針の穴から覗《のぞ》いたものにせよ——の生き字引であることが格別私の興味を引いた。

日露戦争前、日本大使館の海軍武官補佐官であった、のちの軍神広瀬中佐を、彼女はよく記憶していた。「ヒロス、ヒロス」と呼んで、いろいろの逸話を私に話して聞かしてくれた。日露開戦で、本野大使以下の館員、在留日本人が露都を引き揚げたのち、主なき大使公邸を彼女は夫とふたりきりで守り抜いたが、日探（日本のスパイ）とばかりに戦争で興奮したロシヤ民衆から毎夜投石され、外出の際はツバキをかけられた話もしていた。

建川大使は私たちの進言を入れ、長年の彼女の功に報いるため、金五千ルーブルを大使館の公金から支出して贈与された。

私は、暇あるごとに彼女を私の部屋に呼んでは、あれこれの思い出話に耽《ふけ》るのが楽しみであった。あるときの会話の中で彼女は「クズネツキー・モストに、旧時代からのいちばん古いいい本屋が一軒あります。ゴスポジン・シゲモリ、ぜひあそこへ行ってごらんなさい。あそこに日本関係の古い本があるかもしれませんよ」と教えてくれた。

クズネツキー・モストは、昔文豪チェーホフが好んで散歩した古い町である。チェーホフゆかりのモスクワ芸術座もこの町にある。そのころまでチェーホフ未亡人の名女優クニッペル女史もまだ健在で、時たまは「桜の園」などに、ラーネフスカヤ夫人役などで出演していた。

芸術座の開演に一時間ほど先がけて、私はある夜リーザに教わった古本屋を訪ねた。うず高く積まれたいくつかの古書の山を丹念に探していたら、底の方から、赤黒いくすんだ表紙に鮮やかに印刷されている「ヤポーニセ」（日本の意味）の文字が、射るように私の目に飛び込んできた。よく見ると、『絵でみる日本』エメェ・グュンベラ著、一八七〇年、サンクトペテルスブルグ発行とある。エメェ・グュンベラなる著者が一体何国人であるか、外交官か商社代表か、それとも文人なのか、それもわからないが、厖大《ぼうだい》なこの書のいたるところに出てくる江戸時代の日本の絵——写真、スケッチ、墨絵などを西洋版画に活かした——のすばらしさにまず私は魅了された。「これは大した掘り出し物だ」と感じた。目次や本文をパラパラ拾い読みすると、内容がまた、かなり本格的に真正面から取り組んだ、四四〇ページにわたる紀行文風の日本研究書である。決して一夜づくりのきわもの出版でも、また売らんかなのインチキ本でもない、きわめて真面目なものであることが、そこは蛇の道はヘビで私にはすぐピンときた。

値段を聞いたら五十ルーブルという。この内容からすれば決して高いものではない。二つ返事で買い取って、これはいい物を手に入れたとばかり、いそいそと近くの芸術座に向かった。

芸術座がはねて、秋の夜寒、道を大使公邸に帰ってくる途中も、何か心がはずんでいた。とうとうその夜は夜が白むまで本に読み耽った。革命後すでに廃字になった、昔なつかしい旧ロシヤ語が使われていることには別に驚かなかったが、何しろ表現が悠長で、のんびりと間のびしたテンポののろい文章なのが読みづらかった。しかし、内容の面白さにつられて、全然それも苦にならなかった。

翌日の夕食のとき、大使に早速この本の話をすると、江戸末期の日本見聞記というので、大使も非常に興味をそそられたらしく、早速その晩から大使の書斎で、この本の口訳が始まった。毎晩、二時間をその時間に当て、理解のできない日本の故事や幕末の事象などにぶつかると、二人であれこれと探索し、解釈することも楽しい日課となった。本文は全文ロシヤ語であるが、それはフランス語の原書から露訳したものらしいので、そんな場合、英語に精通するとともに、フランス語も目立って上達していた大使の知識が、その日本歴史への理解とともに大変役立った。

エメェ・グュンベラはエメェ・アンベールと呼ぶ中年のスイス人で、当時スイス時計の売り込み交渉のため日本に旅行したのだが、スイスは日本と修好条約がなかったので、いちばん日本と友好の深かったオランダ国の国籍を得、その代表使節の資格をとって来日したものであることが、文章の中から諒解されてきた。

彼が日本に向けマルセーユから乗船したのは、一八六二年（文久二年）十一月であったが、カイロ、ボンベイ、セイロン、バタビィヤ、サイゴン、香港、広東、マカオと泊まりを重ねて翌春四月初め上海に一応上陸している。

彼の鋭い触角と研究心は、香港、広東、マカオ、上海で、早くも支那の本質的なものをかなりよく学び取っている。本書の中で「支那は滅びゆく国、日本は興隆していく国」という結論を、十九世紀末の日清戦争に先立つ三十余年も前に引き出しているが、それは日本への旅程への途中で接触した支那都市の印象が、あずかって物を言っているのであろう。

彼は一八六三年の四月に長崎に着いて、翌一八六四年二月六日に交渉が成立し、旅行目的が達せられた。しかもオランダ国代表の借り衣を脱いで、日本スイス通商協定を、江戸幕府との間に結ぶことに成功したようである。これによって日本・スイス両国の修好条約の第一ページが開かれたとされ、堂々と外交史に記録されるにいたった。一昨年の一九六四年二月には、日瑞修好百年記念祭が在日スイス大使館の手で盛大に行なわれた。最大の功労者はもちろんエメェ・アンベール氏であると折り紙がつけられた。このことはそのときの記念出版『スイスと日本』にも正しく評価されている。

だが、アンベール氏の不朽の功績は、むしろもうひとつの面にあるといいたい。それは、さほど長くもなかった日本滞在期間に、よくもこれほど深く詳しく日本という国の神秘の姿、外人には理解の容易でないさまざまの伝統、民衆の生活、社会環境と自然現象といったものをとらえて、紀行文風のペンで叙述し、かつ大小百枚にわたる絵とあわせて広範な西欧の読者に紹介したことではあるまいか。

彼の貪欲ともいっていい、日本に対するむさぼるような深い関心と興味、そしてその実体を正しくとらえ、かつ、もっとも本質的な姿を描き出そうとする異常な努力、さらに文章と絵をもってする素人ばなれした表現の才能の三拍子がそろって、ここにこの名著が生まれたものといえよう。

彼に対する制約は、滞在期間が比較的短かったことだけではない。当時鎖国政策の幕末日本では、外国人の旅行区域それもただ貿易のためだけに許されているのは、長崎、横浜など二、三地点に限られていた。江戸にはいれたのは外交官の資格のあるものだけで、地方旅行といってもなんの自由があったわけではない。せいぜい外交官の有資格者が大都会周辺の農村地帯を、官憲の厳重な監視つきで見てまわる程度にすぎなかった。したがって、アンベール氏の視察研究にも、非常な制約と困難があったことはいうまでもあるまい。

本書にもときどき目につく拙速的で生煮えの判断、誤った結論があるとしても、それは以上のようなむしろやむを得ない理由によるものであろう。このことは著者も序文の中でことわっているとおりである。

それより、たえず船の甲板でも、道中でも、買い物の際も、かならず鉛筆と手帳を用意して、あるときは「数百年を経た老松の根元に腰を下ろしたり、農村の宿屋の軒先にたたずんで、印象づけられた観察を書きとどめた。時にはある土地の商人の店の片隅に身を潜め、彼を、われわれの厚かましい共謀者に仕立て上げ」、いわば芝居がかりの方法で取材したこともあった、と彼は正直に白状している。その真剣な取材と研究の努力は、大いに多とすべきであろう。

彼が自分の代理人の名で呼んでいる優秀な共働者がひとりあったようだが、それがアンベール氏にとって通訳以上の助けとなったことは事実のようである。ただその代理人について、具体的なことは本書でもあまり知られていない。が、この共働者の役割はきわめて大きいようである。

幕府にせよ宮中にせよ、あるいは大名の場合でも、アンベール氏は日本の権力者、支配階層の人たちには好意を寄せるよりも反感をもってのぞんでいる。殊に、その表裏相反する秘密隠蔽政治には、激しい批判の目さえ向けているようだ。ところが、この国の民衆一般には非常な好感を寄せ、その勤勉さ、創意工夫、意志的な努力、ムードに貫かれた民族芸術などにあらわれたユーモアなどをかなり高く評価している。政権の秘密主義、神秘のベール、あるいは東洋のスフィンクスの謎は、民族芸術の開放性とその自由奔放な表現によってある程度まで解明され、裏側からひきはがされているという見方をとっている。

日本列島が十九世紀以前の欧米植民地主義に踏み荒らされないで、独立を立て通してきたのも、結局はこの日本民族の民族的性格の強さのためであると、アンベール氏は結論している。そして、明治維新以後の日本国家の興隆と近代化に対して、一つの予言者的言明までくだしている。日本を内部から研究した結果としては、それが短期間の滞在の成果であるだけに、みごとに的中した予言であると評したい。

モスクワの秋の夜長に「手」を失っていた建川大使と秘書の私は、本書を得て俄然日課ができ、気分も一新してきた。

最初に六十二章にわたる目次を全訳して大使に示し、その中から面白そうな部分をピックアップして口訳することとした。大使夫人の到着も近くなっていたし、三千枚以上の全文を訳しきれないので、大使に興味のありそうなところを選ばせることとしたのである。

そのとき訳した目次を巻末に紹介しておくことは、読者に本書の内容のアウトラインを知っていただく意味で無駄ではあるまい。

なお、著者アンベール氏は一八一九年の生まれであるから、日本に来た一八六三年、六四年頃は四十四、五歳の、人間としても脂の乗りきった働き盛りであった。

八十一歳の長寿を保って一九〇〇年（明治三十三年）に亡くなっている。

私の住んでいたモスクワ市コミンテルン街の反対側のはずれに、国立レーニン図書館があった。私はよくここに閲覧に通ったが、あるとき興味をもって、アンベール氏のこの露文原書が、世界一蔵書を誇るレーニン図書館にあるかどうかを調べてみたことがある。だが、ついに同書は見当たらなかった。あるいはソ連で、いや世界でたった一冊残っていた珍書を掘り出したのであったのかもしれない。

もっとも、これだけの著作のことであるから、当時パリのアシェット社から、『ジャポン・イリュストレー』の題で出版されたフランス文原書は、まだ残っているにちがいない。だが、本訳書のテキストとなったロシヤ語版は、世界でこの書がただ一冊のような気がする。

この本の掘り出しに、水先案内をつとめてくれた前記のリーザ婆さんには、その当時大いに謝意を表したが、いま生きているとしても九十三歳、もうおそらくあの世にいったと思う。

なお、本書の刊行にあたって、下記の方々から心のこもったご協力を得た。

企画出版について――産経新聞の小山房二論説委員と東都書房の網野功企画部員。

翻訳について――畏友香川重信君。

原著者エメェ・アンベールに関する貴重な資料提供を――東京のスイス大使館文化部。

ここに記して深甚の謝意を表する。

一九六六年仲秋

茂森唯士

原書目次一覧

KODANSHA

本書は、『幕末日本――異邦人の絵と記録に見る』（一九六六年十一月、東都書房刊）を底本としました。

エメェ・アンベール（Aime Humbert）
1819年，スイス生まれ。スイス時計組合会長，国会議員を歴任。1863年5月，日瑞修好条約締結のため来日。1990年没。

茂森唯士（しげもり　ただし）
1895年，熊本生まれ。東京外国語大学卒業。ロシア大使秘書，産経新聞論説委員，世界動態研究所所長，人権擁護調査会常任理事等を務める。翻訳家・評論家。1973年没。著書に『ガンデイ及びガンデイズム』『レーニン評伝』『ソ聯邦の現状』などがある。

講談社学術文庫

定価はカバーに表示してあります。

絵《え》で見《み》る幕末《ばくまつ》日本《にほん》

エメェ・アンベール／茂森唯士《しげもりただし》 訳

2004年 9 月10日　第 1 刷発行
2022年 3 月11日　第25刷発行

発行者　鈴木章一
発行所　株式会社講談社
東京都文京区音羽 2-12-21 〒112-8001
電話　編集（03）5395-3512
販売（03）5395-4415
業務（03）5395-3615
装　幀　蟹江征治
印　刷　株式会社広済堂ネクスト
製　本　株式会社国宝社

ISBN4-06-159673-X

「講談社学術文庫」の刊行に当たって

これは、学術をポケットに入れることをモットーとして生まれた文庫である。学術は少年の心を養い、成年の心を満たす。その学術がポケットにはいる形で、万人のものになることは、生涯教育をうたう現代の理想である。

こうした考え方は、学術を巨大な城のように見る世間の常識に反するかもしれない。また、一部の人たちからは、学術の権威をおとすものと非難されるかもしれない。しかし、それはいずれも学術の新しい在り方を解しないものといわざるをえない。

学術は、まず魔術への挑戦から始まった。やがて、いわゆる常識をつぎつぎに改めていった。学術の権威は、幾百年、幾千年にわたる、苦しい戦いの成果である。こうしてきずきあげられた城が、一見して近づきがたいものにうつるのは、そのためである。しかし、学術の権威を、その形の上だけで判断してはならない。その生成のあとをかえりみれば、その根は常に人々の生活の中にあった。学術が大きな力たりうるのはそのためであって、生活をはなれた学術は、どこにもない。

開かれた社会といわれる現代にとって、これはまったく自明である。生活と学術との間に、もし距離があるとすれば、何をおいてもこれを埋めねばならない。もしこの距離が形の上の迷信からきているとすれば、その迷信をうち破らねばならぬ。

学術文庫は、内外の迷信を打破し、学術のために新しい天地をひらく意図をもって生まれた。文庫という小さい形と、学術という壮大な城とが、完全に両立するためには、なおいくらかの時を必要とするであろう。しかし、学術をポケットにした社会が、人間の生活にとってより豊かな社会であることは、たしかである。そうした社会の実現のために、文庫の世界に新しいジャンルを加えることができれば幸いである。

一九七六年六月

野間省一

外国人の日本旅行記

ニコライの見た幕末日本
ニコライ著／中村健之介訳

幕末・維新時代、わが国で布教につとめたロシアの宣教師ニコライの日本人論。歴史・宗教・風習を深くさぐり、鋭く分析して、日本人の精神の特質を見事に浮き彫りにした刮目すべき書である。本邦初訳。

393

ニッポン
B・タウト著／森 儁郎《としお》訳（解説・持田季未子）

憧れの日本で、著者は伊勢神宮や桂離宮に清純な美の極致を発見して感動する。他方、日光陽明門の華美を拒みその後の日本文化の評価に大きな影響を与えた。世界的な建築家タウトの手になる最初の日本印象記。

1005

日本文化私観
B・タウト著／森 儁郎《としお》訳（解説・佐渡谷重信）

世界的建築家タウトが、鋭敏な芸術家的直観と秀徹した哲学的瞑想とにより、神道や絵画、彫刻や建築など日本の芸術と文化を考察し、真の日本文化の将来を説く。名著『ニッポン』に続くタウトの日本文化論。

1048

幕末日本探訪記　江戸と北京
R・フォーチュン著／三宅 馨訳（解説・白幡洋三郎）

世界的プラントハンターの幕末日本探訪記。英国生まれの著名な園芸学者が幕末の長崎、江戸、北京を訪問。珍しい植物や風俗を旺盛な好奇心で紹介し、桜田門外の変や生麦事件の見聞も詳細に記した貴重な書。

1308

シュリーマン旅行記　清国・日本
H・シュリーマン著／石井和子訳

シュリーマンが見た興味尽きない幕末日本。世界的に知られるトロイア遺跡の発掘に先立つ世界旅行の途中で、日本を訪れたシュリーマン。執拗なまでの探究心と旺盛な情熱で幕末日本を活写した貴重な見聞記。

1325

英国外交官の見た幕末維新　リーズデイル卿回想録
A・B・ミットフォード著／長岡祥三訳

激動の時代を見たイギリス人の貴重な回想録。アーネスト・サトウと共に江戸の寺で生活をしながら、数々の事件を体験したイギリス公使館員の記録。徳川幕府崩壊の過程を見すえ、様々な要人と交った冒険の物語。

1349

外国人の日本旅行記

ザビエルの見た日本
ピーター・ミルワード著／松本たま訳

ザビエルの目に映った素晴しき日本と日本人。一五四九年ザビエルは「知識に飢えた異教徒の国」へ勇躍上陸し精力的に布教活動を行った。果して日本人はキリスト教を受け入れるのか。書簡で読むザビエルの心境。

1354

ビゴーが見た日本人　諷刺画に描かれた明治
清水　勲著

在留フランス人画家が描く百年前の日本の姿。文明開化の嵐の中で、急激に変わりゆく社会を戸惑いつつもたくましく生きた明治の人々。愛着と諷刺をこめてビゴーが描いた百点の作品から〈日本人〉の本質を読む。

1499

シドモア日本紀行　明治の人力車ツアー
エリザ・R・シドモア著／外崎克久訳

女性紀行作家が描いた明治中期の日本の姿。ポトマック河畔の桜の植樹の立役者、シドモアは日本各地を人力車で駆け巡り、明治半ばの日本の世相と花を愛する日本人の優しい心を鋭い観察眼で見事に描き出す。

1537

バーナード・リーチ日本絵日記
バーナード・リーチ著／柳　宗悦訳／水尾比呂志補訳

イギリス人陶芸家の興趣溢れる心の旅日記。独自の美の世界を創造したリーチ。日本各地を巡り、また、濱田庄司・棟方志功らと交遊を重ね、自らの日本観や芸術観を盛り込み綴る日記。味のある素描を多数掲載。

1569

江戸幕末滞在記　若き海軍士官の見た日本
エドゥアルド・スエンソン著／長島要一訳

若い海軍士官の好奇心から覗き見た幕末日本。慶喜との謁見の模様や舞台裏も紹介、ロッシュ公使の近辺で貴重な体験をしたデンマーク人の見聞記。旺盛な好奇心、鋭い観察眼が王政復古前の日本を生き生きと描く。

1625

絵で見る幕末日本
A・アンベール著／茂森唯士訳

スイス商人が描く幕末の江戸や長崎の姿。鋭敏な観察力、才能豊かな筆の運び。日本各地、特に、幕末江戸の町を自分の足で歩き、床屋・魚屋・本屋等庶民の生活の様子を生き生きと描く。細密な挿画百四十点掲載。

1673

外国人の日本旅行記

H・G・ポンティング著／長岡祥三訳
英国人写真家の見た明治日本 この世の楽園・日本
明治を愛した写真家の見聞録。写真百枚掲載。日本の美しい風景、精巧な工芸品、優雅な女性への愛情こもる叙述。浅間山噴火や富士登山の迫力満点の描写。スコット南極探検隊の様子を撮影した写真家の日本賛歌。

1710

A・アンベール著／高橋邦太郎訳
続・絵で見る幕末日本
該博な知識、卓越した識見、また人間味豊かなスイス人の目に、幕末の日本はどのように映ったか。大君の居城、江戸の正月、浅草の祭り、江戸の町と生活など。好評を博した見聞記の続編。挿画も多数掲載。

1771

清水 勲著
ビゴーが見た明治ニッポン
西欧文化の流入により急激に変化する社会、時代の波にもまれる人びとの生活を、フランス人画家ビゴーは愛情と諷刺を込めて赤裸々に描いた。百点の作品を通して、近代化する日本の活況を明らかにする。

1794

イザベラ・バード著／時岡敬子訳
イザベラ・バードの日本紀行（上）（下）
一八七八年に行われた欧米人未踏の内陸ルートによる東京―函館間の旅の見聞録。大旅行家の冷徹な眼を通じ、維新後間もない北海道・東北の文化・自然等を活写。関西方面への旅も収載した、原典初版本の完訳。

1871・1872

清水 勲著
ビゴーが見た明治職業事情
激動の明治期、人々はどんな仕事をして生活していたのか。洋服屋、鹿鳴館職員など西洋化により登場した職業を始め、超富裕層から庶民まで、仏人画家ビゴーが描いた百点超の作品を紹介、その背景を解説する。

1933

エドワード・S・モース著／石川欣一訳
日本その日その日
大森貝塚の発見者として知られるモースの日本滞在見聞録。科学者の鋭敏な眼差しを通して見た、近代最初期の日本の何気ない日常の営みや風俗を、異文化に触れる驚きや楽しさに満ちたスケッチと日記で伝える。

2178

日本人論・日本文化論

梅原　猛著
日本文化論
〈力〉を原理とする西欧文明のゆきづまりに代わる新しい原理はなにか？〈慈悲〉と〈和〉の仏教精神こそが未来の世界文明を創造していく原理となるとして、仏教の見なおしの要を説く独創的な文化論。

22

山本七平著
比較文化論の試み
日本文化の再生はどうすれば可能か。それには自己の文化を相対化して再把握するしかないとする著者が、さまざまな具体例を通して、日本人のものの見方と伝統の特性を解明したユニークな比較文化論。

48

加藤周一著
日本人とは何か
現代日本の代表的知性が、一九六〇年前後に執筆した日本人論八篇を収録。伝統と近代化・天皇制・知識人を論じて、日本人とは何かを問い、精神的開国の要を説いて将来の行くべき方向を示唆する必読の書。

51

山本七平著
日本人の人生観
日本人は依然として、画一化された生涯をめざす傾向からぬけ出せないでいる。本書は、我々を無意識の内に拘束している日本人の伝統的な人生観を再把握し、新しい生き方への出発点を教示した注目の書。

278

S・ウォシュバン著／目黒真澄訳（解説・近藤啓吾）
乃木大将と日本人
著者ウォシュバンは乃木大将を Father Nogi と呼んだ。この若き異国従軍記者の眼に映じた大将の魅力は何か。本書は、大戦役のただ中に武人としてギリギリの理想主義を貫いた乃木の人間像を描いた名著。

455

小池喜明著
葉隠《はがくれ》　武士と「奉公」
泰平の世における武士の存在を問い直した書。「葉隠」は武士の心得について、元佐賀鍋島藩士山本常朝の語りをまとめたもの。儒教思想を否定し、武士の奉公は主君への忠誠と献身の態度で尽くすことと主張した。

1386

《講談社学術文庫　既刊より》